BETTY P. MALZ

Ich sah ein Stück der Ewigkeit

VERLAG HERMANN SCHULTE, WETZLAR

Die amerikanische Originalausgabe erschien unter dem Titel „My glimpse of eternity“ im Verlag Chosen Books, Lincoln, USA

Übertragen aus dem Amerikanischen

ISBN 3-87739-306-3
1. Auflage 1978
Umschlaggestaltung: Gisela Scheer
Umschlagfoto: W. Schnell, Siegen
Gesamtherstellung: Druckhaus Jung
Printed in Germany

1

DIE WARNUNG

Als ich meine Schwiegermutter mit einem Koffer in der Hand auf unsere Haustür zukommen sah, überfiel mich eine große Niedergeschlagenheit. Warum tat sie mir das nur an? fragte ich mich. Aber es gehörte zu den Gewohnheiten von Dorothy Upchurch, die Familien ihrer Kinder ohne Vorankündigung zu besuchen.

„Guten Tag, Betty", rief sie mir entgegen, als ich die Tür aufmachte. „Ich hoffe, es ist euch angenehm, wenn ich wieder einmal hereinsehe."

Eigentlich war ich versucht, „nein" zu sagen, und daß es genau der falsche Zeitpunkt wäre, weil Hans, Brenda und ich in den nächsten Tagen in Urlaub fahren wollten. Statt dessen lächelte ich und hieß sie willkommen.

Mutter Upchurch setzte ihren Koffer auf dem Flurteppich ab und blickte umher. Es lag eine gewisse Strenge in der Art, wie sie ihr pechschwarzes Haar am Hinterkopf zu einem Knoten aufsteckte. Die kräftige Linie ihres Unterkiefers wurde durch einen Leberfleck mitten auf dem Kinn noch verstärkt. Ihre forschenden, dunkelbraunen Augen spiegelten einen scharfen Verstand und einen regen Geist wider.

„Neue Tapeten?" fragte sie und deutete nach dem Wohnzimmer hin.

Ich nickte und wappnete mich für die nächste Frage, die kommen mußte.

Dorothy ging in das Wohnzimmer und studierte einen

Augenblick lang, prüfend rundumblickend, das Tapetenmuster, bevor sie hinter den langen Diwan und zur Wand schlüpfte und das Gewebe befühlte. „Sie passen gut zu den Möbeln“, sagte sie anerkennend, während sie das rotweiß-schwarz versetzte Farbmotiv des Zimmers verfolgte. „Was haben sie denn gekostet?“

Ich seufzte. „Weniger, als du glaubst.“ Dann lenkte ich die Unterhaltung auf etwas anderes. Ich war voller Zorn, daß ich auf ihre hartnäckigen Fragen, wieviel Hans und ich für unsere Anschaffungen ausgaben, so viele ausweichende Antworten geben mußte. Meine Auskünfte bewegten sich von einem kurz angebundenen „nicht viel“ oder „halb so viel, was es eigentlich wert ist“ bis zu der Wendung „eine einmalige Gelegenheit“.

Weil sie meinen Widerwillen spürte, nahm sie ihren Koffer wieder auf, steuerte rasch auf das Gästezimmer zu, in dem sie immer untergebracht war, und überließ mich meinem inneren Kampf gegen meine Schuldgefühle.

Dorothy Upchurch war trotz ihrer bohrenden Fragen und ihrer unangekündigten Besuche keine selbstsüchtige Person. Ihr Auftauchen bei ihren Kindern bedeutete zugleich Pfannen voll frischer Cookies und eine Fülle schmackhafter Gerichte, daneben natürlich Waschen, Bügeln, Ausbessern — eben ihre ganze Hingabe an Dutzende kleiner Aufgaben. Sie sorgte sich wirklich um die Glieder ihrer Familie. Wenn sie nur nicht so schrecklich tüchtig gewesen wäre und mit ihren Beobachtungen und Beurteilungen fast immer recht gehabt hätte!

Spät am Nachmittag, bevor Hans von der Arbeit heimkam und Brenda von einem Spielkameraden zurückkehrte, rückte Mutter mit ihrer eigentlichen Sorge heraus, als wir am Küchentisch saßen und Kaffee tranken. „Hans arbeitet zu hart“, fing sie an.

„Hans hat immer hart gearbeitet“, erwiderte ich. „Keiner kann ihn da bremsen.“

„Du kannst es“, sagte sie, und ihre eindringlichen Augen durchbohrten mich.

Es war eine verdrießliche, mir nur zu vertraute Unterhaltung. Als Junge war Hans einmal an einem rheumatischen Fieber erkrankt. Ein Herzgeräusch war zurückgeblieben, aber die Ärzte konnten sich nicht zu der Erklärung bereitfinden, daß es ein Herzfehler sei und, wenn überhaupt, wie schwer er einzustufen sei.

Im Laufe der Jahre war Hans zu einem tüchtigen, praktisch veranlagten Mann herangewachsen, der als Sportler ein guter Leichtathlet war und sich als Manager einer Sunoko-Tankstelle in unserer Stadt Terre Haute im Bundesstaat Indiana vor keiner Arbeit scheute.

Meine Schwiegermutter schlürfte ihren Kaffee und hielt dabei ihren Blick starr auf mich gerichtet. „Die Arbeit, die er in der Werkstatt tut, beunruhigt mich nicht so sehr wie der finanzielle Druck, unter dem er steht“, fuhr sie fort.

„Was für ein finanzieller Druck?“ fragte ich und kämpfte meinen Ärger nieder.

„Na, der Druck, die Raten für einen neuen Wagen aufzubringen,für ein neues Boot, und wenn ich recht im Bilde bin, denkt ihr jetzt auch noch daran, ein neues Haus zu bauen“, sagte sie.

Ich biß mir auf die Lippen, um nicht auf meine Schwiegermutter loszufahren. Warum mischte sie sich in alle unsere Angelegenheiten ein? Nachdem ich mich wieder gefaßt hatte, versuchte ich ihr zu erklären, daß wir keine maßlosen Verschwender seien und Hans sehr wohl mit Geld umzugehen wisse.

Aber Dorothy kam immer wieder auf die bedrohte Gesundheit ihres Sohnes zurück. „Ich weiß ganz bestimmt, daß sich Hans eine Herzsache zuziehen wird, wenn du ihn nicht zurückhältst“, sagte sie und preßte ihre Lippen fest zusammen.

Dorothy kürzte ihren Besuch ab, als sie hörte, wir träfen gerade die Vorbereitungen für unseren Urlaub. Wie sie sich um die Gesundheit von Hans Sorgen machte, bedrückte mich tagelang, bis ich mich endlich davon freimachte und zu der Überzeugung gelangte, meine Schwiegermutter sei eine Schwarzseherin, soweit es ihren Sohn betraf. Ich wollte mich einfach nicht mit dem Tod, sondern mit dem Leben abgeben. Hans war 29 Jahre alt und erschien mir in seiner Lebenskraft schier unerschöpflich. Wir liebten Sonne, Wasser, Boote, Sportwagen, Tennis und Musik. Und ich mit meinen 27 Jahren fühlte mich so sprühend vor Gesundheit, zumal ich mich nicht erinnern konnte, auch nur einen Tag in meinem Leben krank im Bett gewesen zu sein. Und doch sollte sich damals mein klinischer Tod nur wenige Wochen später ereignen.

Den Tag, bevor wir zu unserem zweiwöchigen Urlaub nach Florida aufbrechen wollten, begann mein Mann seinen üblichen Tageslauf. Während er noch sein Hemd zuknöpfte, ließ er sich auf die türkisfarbene, lederbezogene Frühstücksbar gleiten und bestellte augenzwinkernd „ein Glas Orangensaft, der es mit der Wand aufnehmen kann“. Ich hatte nämlich gerade die Küche mandarinengelb gestrichen.

Als ich ihm den Saft vorsetzte, lehnte Hans impulsiv seinen Kopf gegen meine Seite und drückte mich kräftig, wobei er mir seine muskulösen Arme um die Hüften schlang. Seine Zärtlichkeit war immer spontan und leidenschaftlich wie bei einem Kind. Als er mich endlich losließ, konnte ich ihm seinen Kaffee, dazu Rührei mit Schinken geben. Danach stellte ich meine Tasse daneben, holte meinen Tee und rutschte neben ihn.

„Schau einmal das Etikett auf diesem Teebeutel— das beschreibt genau meine Situation, Hans. Ich bin jetzt monatelang mißvergnügt gewesen, aber die Vorbereitungen für unseren Florida-Urlaub haben mich wieder ins Lot gebracht."

Hansens Gesicht verfinsterte sich. „Mit dem Urlaub wird es nichts, Betty. Ich kann den Betrieb unmöglich allein lassen."

Das kann doch nicht sein Ernst sein! dachte ich. Ich forschte in seinem Gesicht. Es war von knabenhaftem Ernst mit seiner sommersprossigen Stupsnase, doch sein liebenswerter Frohsinn war weg. Ich hatte an ihm eine gewisse Schwermut schon bemerkt, als er am Abend zuvor nach Hause gekommen war. Offensichtlich hatte er vor dem Schlafengehen die Auseinandersetzung gescheut und bis jetzt gewartet, um mir die Hiobsbotschaft mitzuteilen.

„Warum tust du mir das an?" fragte ich wie versteinert.

„Der neue Vorarbeiter ist noch nicht soweit, um selbständig zu entscheiden, und Ike nimmt sich zwei Tage Urlaub", erklärte er. „Mit unseren Aushilfen sitzen wir schön in der Patsche."

„Ike ist doch das eigentliche Problem", entgegnete ich bissig. „Du solltest ihn entlassen. Er hat nur zwei Dinge im Kopf: Schweinerippchen und Südwein." Meine ganze aufgestaute Feindseligkeit gegen die Schwarzen machte sich in diesen Worten Luft.

„Ike ist ein guter Mechaniker. Ich kann ihn nicht entlassen, bloß weil er eine Schwäche für Südwein hat", sagte Hans ungerührt.

„Sicher gibt es woanders noch einen guten Mechaniker, den du einstellen kannst", sagte ich mürrisch.

Hans schüttelte den Kopf. „Es geht nicht nur um die Arbeit im Betrieb. Wir stecken auch tief in Schulden, und der Urlaub wird uns noch tiefer hineinbringen." Er beendete rasch sein Frühstück, gab mir einen Schmatz auf die Wange anstelle seines üblichen Kusses und stürmte aus dem Haus.

Das Aufheulen des Motors, das Kreischen der Gänge,

wenn er zur Arbeit losraste, waren zugleich unübersehbare Merkmale, in denen sich der ungestüme Lebensdrang meines Mannes verriet. „Hans Dampf“ pflegte ihn meine Mutter zu nennen. Sie hat ihn oft gemahnt, daß das Leben nicht verschlungen, sondern genippt werden soll. Hans lächelte dann bloß über sie.

Hans hatte eine Schwäche, seine Gedanken zu verraten. Meine Eltern, Glenn und Fern Perkins, hatten uns einige Wochen zuvor zum Essen eingeladen. Während wir bei Tisch über unseren geplanten Urlaub in Florida plauderten, platzte Hans plötzlich heraus: „Kommt doch mit uns! Du, Paps, kannst das Boot fahren, während Betty und ich auf den Wasserski gleiten. Brenda und Gary können dort schön zusammen spielen, und du, Mutter, denke einmal an die Erholung, die du unter der warmen Sonne Floridas haben könntest.“

Obwohl unsere beiden Familien gut miteinander auskamen, war ich mir doch nicht so sicher, ob ich zwei ganze Wochen unseres Urlaubs mit meinen Eltern verbringen wollte. Aber im Laufe des Gesprächs kam auch bei mir langsam Begeisterung auf. Unsere Tochter Brenda war sechs Jahre alt. Das jüngste Kind meiner Eltern, Gary, war ebenfalls sechs.

Als bei meiner Mutter und mir seinerzeit die Merkmale der Schwangerschaft sehr deutlich wurden, hatten wir meinen Bruder Jim damit geärgert, daß wir bei seiner Aufnahme in die höhere Schule Seite an Seite in unseren Umstandskleidern saßen.

Mein Kind wurde zuerst geboren; daher versorgte meine Mutter mich und Brenda in der Zeit, als ich aus dem Krankenhaus heimkam. Umgekehrt kümmerte ich mich fünf Wochen später um die Bedürfnisse meiner Mutter und des kleinen Gary.

Nicht jede Mutter kann ihre eigene Tochter und zugleich ihren Bruder so nahe im Alter beieinander haben, daß sie zusammen aufwachsen und miteinander spielen können.

Im Laufe der Jahre war Mutter so eine Art Rettungsanker und Lebensversicherung während unserer Familienzusammenkünfte geworden. Sie paßte treu auf die Kinder auf und schloß uns alle in ihr Gebet ein, wenn wir mit dem Boot auf dem See oder mit dem Wagen unterwegs waren.

Während ich das Frühstücksgeschirr spülte und die Küche aufwusch, beschloß ich daher, meine Eltern vorerst noch nicht davon zu unterrichten, daß Hans unseren Urlaub gestrichen hatte. Vielleicht könnte es ja sein, daß er seine Absicht wieder änderte. Ich jedenfalls rechnete mit dieser Möglichkeit. Beten bedeutete damals für mich, einen Herzenswunsch in Worte fassen. „Herr, du weißt, wie gern ich nach Florida gehen möchte", betete ich einfältig.

Für mich bedeutete diese Reise mehr als ein Florida-Urlaub. Das Leben hier in Terre Haute ödete mich schon lange an. Unser komfortables Landhaus, der Sportwagen, die gelbweiße Kabinenjacht, die wir an dem nahen Katarak-See vor Anker hielten — alles Dinge, für die wir hart gearbeitet hatten —, hatten uns trotz allem keine Erfüllung gebracht. Deshalb sehnte ich mich nach einer Veränderung. Und Florida hielt die Antworten für Hans wie auch für mich bereit.

Eine Tankstelle mit Werkstatt in dem verkehrsreichen Urlaubsstaat würde für meinen Mann ideal sein. Mit seiner Energie könnte Hans sie bald durch einen Abschleppdienst für Notfälle erweitern, wie er ihn schon in Terre Haute betrieb. Für mich selbst würde das ganzjährige Leben im Freien die Antwort auf mein Gebet sein. Sogar die Ausgaben würden geringer werden, denn es gäbe ja keine Sorgen mehr um Winterkleidung und -schuhe.

Die Enttäuschungen und Ärgernisse dieses Morgens hörten nicht auf. Brenda wachte müde und verdrossen auf; beim Frühstück kippte sie ein Glas Milch um. Als ich dann ein wenig Muße zum Entspannen gefunden hatte und das Radio einstellte, brachte mich die Musik richtig auf. Das hatte noch gefehlt, Art Lindseys Programm! Wie dieser „freischaffende" Prediger-Künstler Western-Musik mit Religion zusammenrührte, reichte vollauf, um einem den Tag zu verderben.

Ich vermute, daß ein Teil meines Widerwillens auch durch die Art und Weise hervorgerufen worden war, wie sich Lindsey an Sonntagabenden in unsere Gottesdienste eingeschlichen hatte, indem er den Gemeindegesang mit seiner Gitarre begleitete. Wir liebten die alte Art, diesen Teil des Gottesdienstes mit der Orgel zu begleiten. Lindsey legte großen Nachdruck auf den Lobpreis: „Alles, was Odem hat, preise den Herrn", pflegte er in Anlehnung an die Schrift zu sagen. Dann aber schlug er Lieder vo2, die volkstümlich waren und sich nicht an den Ablauf des Gottesdienstes hielten.

Ich drehte das Radio ab und legte meine Lieblingsplatte von Jack Holcomb auf. Holcombs Art, die großartigen alten Choräle zu singen, erbaute mich mehr als fast jede Predigt.

Um die Betten zu machen, ging ich durch die Diele und schaute dabei wehmütig nach den beiden miteinander wetteifernden Badeanzügen von Mutter und Tochter, die ich zum Einpacken bereitgelegt hatte. Sie waren aus gelb-weiß-kariertem Gingang mit einer Rüsche am Ende des Oberteils. Brendas Badeanzug hatte noch einige Rüschen mehr über dem Hinterteil, weshalb sie ihm den Namen „Doppler" gab.

Die Rüschen halfen mir, meine zu schmale Figur zu verbergen. Ich litt noch immer unter der Erinnerung an die Zeit, als ich dreizehn war und bei einer Größe von 1,72

Metern nur 90 Pfund wog. Meine Brüder sagten immer: „Wir hatten nie geglaubt, daß der Storch die kleinen Kinder bringt, bis Betty geboren wurde. Denn die meisten kleinen Kinder sehen wie ihre Eltern aus, sie aber sieht wie der Storch aus.“

Um meine starken Komplexe wegen meiner Magerkeit auszugleichen, wurde ich ein wilder Schaffer, stolz auf meine robuste Gesundheit sowie meine guten Schulleistungen in Musik, dramatischer und schöngeistiger Literatur. Aus meiner Erfahrung, daß großgewachsene Frauen selten Sympathie erwecken, weil sie sie nicht nötig zu haben scheinen, drückte ich all meinen Stolz in einem unabhängigen Gebaren aus.

Ich war fest davon überzeugt, daß der Bann über unserer Urlaubsreise durch irgendeinen Telefonanruf gebrochen würde — und so war es auch.

„Hast du deine Leute schon angerufen?“ fing Hans an. „Gut so. Dieser neue Mann bei uns läßt sich gut an, und auch Ike ist wieder an der Arbeit. Die Kollegen bestehen alle darauf, daß ich diesen Urlaub nehme, und sie haben versprochen, sogar Überstunden zu machen, wenn es notwendig sei. Wir heben etwas Geld vom Sparbuch ab und fahren morgen wie geplant los. Du hast es nötig und ich auch. Weißt du, ich spüre schon das Zerren des Schlepptaus in meinen Händen, die Meeresgischt im Gesicht, den Sand zwischen den Zehen.“

Die überschäumende Freude, die aus seinen Worten sprach, steckte mich an. Ich war überglücklich. Mein Traum fing tatsächlich an, sich zu erfüllen, trotz allem! Nur ganz von fern meldete sich eine leise, warnende Stimme — eine aufkeimende Vorahnung, die ich jedoch entschlossen beiseite schob.

Am nächsten Morgen saßen Hans und ich am Frühstückstisch, als Brenda durch die Tür stürmte: „Ich bin mit allem fertig. Ich habe selbst gepackt“, verkündete sie stolz.

Da stand sie mit ihren langen, blonden Locken, ihren großen blauen Augen und glühenden, roten Backen. Sie hatte sich eine Bluse und geraffte Höschen angezogen, den Rock dabei vergessen. In der einen Hand hielt sie einen abgerundeten, roten Plastikkoffer, den sie ihren „Kleidereimer“ nannte.

Es wird gut sein, einmal hineinzuschauen, dachte ich. Und wirklich, heraus sprang dabei ihr schwarz-weißes Kätzchen, das wegen seines runden Gesichts „Kürbisgesicht“ hieß. Weiter waren darin verstaut ihr Badeanzug, ihre Sonnenbrille, ihr gelbkarierter, gekräuselter Bademantel, ein dicker roter Apfel und vier Kaugummis.

„Und worin willst du schlafen?“ fragte ich belustigt über das Fehlen jeglicher Nachtbekleidung.

„In unserem Motel natürlich, Mami.“

Mein Vater, meine Mutter und Gary kamen bald nach dem Frühstück. Durch sorgfältiges Packen hatten wir erreicht, daß wir alle sechs noch reichlich bequem in unseren geräumigen Pontiac hineinpaßten. Jetzt stand uns nur noch das nervenaufreibende Packen der letzten Kleinigkeiten bevor und das Schließen aller Fenster und Türen unseres Hauses.

Mein Vater stellte seinen Wagen in unsere Garage und machte sich daran, sein Gepäck in dem Kofferraum unseres Sportwagens zu verstauen. Gelassen und unbeirrbar gab er in seiner ruhigen Weisheit und selbstlosen Festigkeit seiner Familie den nötigen Rückhalt und seiner Gemeinde mit dreihundert Gliedern, die er in einem Ort vierzig Kilometer südlich von uns betreute, die sichere Leitung.

Vater liebte alle Betätigungen im Freien wie Jagen, Fischen, Bootfahren oder auch Gartenarbeit. Doch sein Handwerkszeug schloß immer auch seine Bibel, eine Konkordanz und einen Block für Notizen ein.

Ganz das Gegenteil von ihm war meine Mutter, Fern

Burns Perkins. Sie war ein unruhiger, ordnungsbesessener Plagegeist. Als Nachkomme des Dichters Robert Burns hatte sie zwar auch etwas von seiner dichterischen Begabung geerbt, widmete sich aber ihrer Hausfrauenrolle mit unnachsichtigem Ernst. Sie ging auf in Backen, Nähen und Hausarbeit. Aus meinen Schuljahren erinnere ich mich nur an zwei Fälle, daß sie mich nach der Schule nicht vom Bus abholte. Das eine Mal lag sie in den Wehen, als sie meinen dritten Bruder Marvin im Krankenhaus zur Welt brachte. Das andere Mal konnte sie vom Einkaufen nicht rechtzeitig nach Hause kommen, weil ein Güterzug vierzig Minuten lang auf der Kreuzung stehen geblieben war.

Ihr jüngster Sohn Gary stellte ihre Geduld auf eine ziemlich harte Probe. Unternehmungslustig, wie er mit seinen schelmischen blauen Augen war, hatte er bei verschiedenen Streichen in den vier Monaten vor unserer Urlaubsreise nacheinander beide Arme gebrochen. Im einen Fall hatte er nach einem Zirkusbesuch wenig erfolgreich versucht, einen Drahtseilakt auf einer Hinterhofwäscheleine zu vollführen. Den anderen Bruch hatte er sich zugezogen, als er den Versuch unternahm, eine Hechtrolle über unser ledernes rundes Fußkissen zu machen. Nachdem nun die Arme wieder in Ordnung waren, sprang er nach der Ankunft aus Vaters Wagen, schnappte Brendas Hand und jagte mit ihr zu unserer Hinterhofschaukel, die aus einem Autoreifen bestand, der an einem Seil von einem Ast unseres Maulbeerbaumes herabhing.

Hans war gerade am Telefon und gab seine letzten Anweisungen ins Geschäft durch, als mir heiß einfiel, daß wir noch keine Vorbereitungen getroffen hatten, um während unserer Abwesenheit unseren schottischen Schäferhund und die Katze versorgen zu lassen.

„Du mit deinen Tieren“, war Hansens einziger Kommentar, als er von meiner Verlegenheit hörte.

Hunde und Katzen haben eine lange Tradition in unserer Familie. Meine Großmutter, die alle bloß „Mutter Burns" nannten, hat mir einmal erzählt, daß meine Mutter eine Zeitlang 22 Tiere betreute, als sie noch ein Kind war.

Ich hatte eben einen Plan ausgeheckt, wie unsere Tiere von einem Nachbarn versorgt werden könnten, als Mutter noch einmal ins Haus kam — mit Blicken, die ihren ganzen Ärger verrieten. „Gary und Brenda haben sich an eurer Schaukel da im Hof schön zugerichtet", machte sie sich Luft.

Mit dem Einsatz aller uns noch verbliebenen Energie verschlossen wir an diesem warmen Junitag des Jahres 1959 alle Fenster, stellten das Wasser ab, hinterließen eine Nachricht für den Milchmann und noch eine weitere für den Zeitungsjungen, sagten zweimal unseren Tieren Lebewohl, bürsteten den Schmutz von Gary und Brenda ab, machten noch drei allerletzte Vorstöße ins Haus, um eine Jacke, einen Baseballhandschuh und ein Stück von einem Moskitonetz zu holen. Dann lehnte ich mich erschöpft gegen das Rücksitzpolster unseres Wagens, während Vater den Wagen die Ausfahrt hinaussteuerte.

Wir Erwachsenen waren alle ziemlich ausgelaugt, die Kinder dagegen ganz und gar nicht. Brenda, zu meiner Linken, stand dicht hinter dem Fahrer und hielt ihre kleinen Arme so eng um ihres Großvaters Hals geschlungen, daß sie ihn fast erstickte. „Das ist mein Opa", rief sie.

„Onkel" Gary, fünf Wochen jünger als sie, hatte eben noch aus dem Wagenfenster geguckt. Rasch erhob er von seinem Platz rechts von mir Einspruch: „Das ist kein Opa, das ist mein Daddy!" Und zog sie von ihm weg

Wie ich so zwischen den beiden Streithähnen saß, stellte ich mir die Frage, wieviel Erholung für uns wohl dabei herausspringen würde. Hans und ich brauchten sie bitter nötig. Monatelang hatte mein Mann Tag und Nacht gearbeitet, um sein Geschäft zum Erfolg zu führen. Der

Urlaub sollte dazu beitragen, seine angespannten Nerven etwas zu entspannen. Was mich betraf, so war ich in einer ziemlich verfahrenen Situation und brauchte dringend eine Veränderung. Ich war fest davon überzeugt, eine gute Mutter zu sein, ebenso eine gute Ehefrau, Sonntagschullehrerin, Organistin und Nachbarin. Doch die ständige Anstrengung, auf andere einen guten Eindruck machen zu müssen, hatte mich bis ins Innerste ausbluten lassen. Irgend etwas stimmte da nicht. Warum war da so wenig echte Freude in all meinen Bemühungen um äußere Erfolge?

Einen Augenblick lang war ich eifersüchtig auf meinen Vater, der solch tiefe Befriedigung aus seinem Glauben empfing. Wie schaffte er das nur? Er ging an alles so gelassen heran, beinahe mühelos, genauso, wie er jetzt fuhr: entspannt, heiter, im Frieden mit sich und den anderen. Wenn die Rede auf seine Heiterkeit kam, pflegte er zu lächeln und sagte dann schlicht, aller Friede und alle Kraft komme von Jesus. Diese Antwort kam ohne Grübeln.

Irgendwo in der Nähe von Chattanooga in Tennessee aßen wir zu Mittag und beschlossen, vor dem Abend nicht mehr anzuhalten, bis wir ein gutes Stück im Staate Georgia wären. Hans fuhr jetzt, und ich saß mit Brenda, die sich an mich gelehnt hatte und bald einschlief, neben ihm.

Als der Wagen nun in ruhiger Fahrt war, setzte ich mein Nachsinnen über unsere familiäre Situation fort. Hans könnte gut eine neue Gelegenheit zu einer Geschäftsgründung in Florida finden. Ein solcher Wechsel bot sich für eine Familie, die mehr das Leben im Freien liebte, an. Unsere Pläne, ein neues Haus in Terre Haute zu bauen, brauchten nur auf die Verhältnisse in Florida übertragen zu werden. Mutter und Vater verspürten dann vielleicht auch Lust, zu uns zu ziehen.

Allmählich wurde mir Brenda, wie sie sich so im Schlaf

gegen meine rechte Seite lehnte, doch etwas zu schwer. Ich schob sie vorsichtig zur Seite, aber das Unbehagen in meiner Seite hielt an. Ich versuchte es abzuschütteln, indem ich wieder die Augen schloß, um von unserem künftigen Leben in Florida zu träumen.

2

ALARM IN DER NACHT

Chrystal Inn liegt 30 Kilometer nördlich von Clearwater in Florida — ein unberührter, von lieblichen Zypressen umgebener Gasthof an der Küste des Golfs von Mexico, der noch zu dem „Golfblick"-Erholungszentrum gehörte. Wir sechs waren die einzigen Gäste und belegten alle oberen Zimmer, von wo aus wir das Meer mit seinen Wellen heranrollen sehen konnten. Unser Ausblick war ungestört, nur in der Mitte ragte etwas empor: ein uralter, knorriger Feigenbaum mit schwerem, wächsernem Blattwerk, das sich bis zur Erde hinabsenkte und sich dann wieder emporrankte.

Den größten Teil unseres ersten Urlaubstages verbrachten wir auf dem Balkon, ruhten einfach aus und lauschten dem Rascheln der Palmwedel im Wind und dem Brechen der Wellen am Strand. Der Sand glich in Körnung und Farbe feinem, weißgebleichtem Kuchenmehl; das Wasser war klar und durchsichtig.

Der Höhepunkt dieses Tages bestand für uns darin, Brendas Gesicht dabei zu beobachten, wie sie ihren ersten, etwa zehn Zentimeter langen Fisch fing und ihn aus dem Wasser zog. Er war viel zu klein zum Essen, aber sie wollte ihn nicht wieder ins Wasser werfen. Sie bestand darauf, ihn mit nach Hause zu nehmen, um ihn ihren Großeltern zu zeigen.

Gary war ganz überwältigt vom Strand, besonders von den Einsiedlerkrebsen, die es dort gab. Wir gaben uns eine Stunde lang Mühe, ihm beizubringen, wie er auf dem

Rücken im Wasser treiben konnte, aber er brachte es nicht fertig, sich entspannt aufs Wasser zu legen. Der unbändige Gary schien überhaupt nicht aufhören zu können, sich zu bewegen.

In vieler Hinsicht waren mein Mann und Gary gleich veranlagt, besonders in ihrer kindhaften Einstellung zum Leben. Während meine Eltern und ich glücklich waren, uns auf der Sonnenveranda zu entspannen und die herrlichen Düfte Floridas einzuatmen, war Hans beständig im oder am Wasser und auf Entdeckungsfahrten den Strand entlang, Schließlich reizte ihn ein Abstecher nach einer anderen Insel, wo wir Tümmler bei ihrem Spiel beobachtet hatten. Am Strand dort sammelte er „Sand-Dollars".

Ein Mißton kam auf, als Hans uns am Nachmittag die Lokalzeitung brachte. Auf der Titelseite war der Bericht über einen jungen Mann, der ganz in der Nähe im Meer ertrunken war. Meine Mutter holte tief Luft und gelobte, noch strenger über Gary und Brenda zu wachen. Ich empfand die ganze Geschichte von diesem Todesfall als einen störenden und unangebrachten Hinweis. Sie erinnerte mich stark an meine kürzliche Unterhaltung mit meiner Schwiegermutter und ihre Ängste um Hans.

Abends, wenn die Sonne im Wasser versank, setzte liebliche Orgelmusik ein und schwebte über die Bucht. Sie kam aus dem spitzen Turm einer alten Kirche spanischer Bauart in ihrem verblichenen gelben Stuck, die zwischen hohen, mächtigen Palmen am Ende der Crystal Beach Avenue versteckt lag. Draußen auf dem Meer konnten wir um diese Zeit Garnelenfischer in ihren kleinen Booten ausmachen, wie sie mit abgestelltem Motor vorbeitrieben und ebenfalls den Klängen lauschten.

Sogar Hans gab sich der Musik hin, zum erstenmal richtig entspannt.

Mitten in dieser stillen, friedlichen Umgebung wanderten meine Gedanken zurück zu dem Ertrunkenen, von dem wir am Nachmittag gelesen hatten, und weiter zu dem einzigen Toten, den ich in meinem Leben gesehen hatte — meinem nur zwei Tage alten Brüderchen.

„Mutter, ich möchte dich etwas fragen“, sagte ich plötzlich. „Wie war es dir, als dein kleiner Junge so kurz nach der Geburt starb?“

Meine Mutter schaute überrascht auf. Die Frage kam ihr etwas unerwartet. „Es hat mir damals sehr weh getan“, sagte sie mit weicher Stimme, und wir verstummten eine Weile im Nacherleben jener Tage. Das Baby war eine Steißgeburt, und sein zartes Rückgrat war bei der Korrektur seiner Lage gebrochen.

Vor Augen steht mir noch der Trauergottesdienst der Familie, der in der ehrwürdigen Friedhofskapelle von Terre Haute abgehalten wurde. Damals war ich zehn und saß neben Tante Pearl in einem prächtigen Samtsessel, während meine kleineren Brüder Don und Jim bei meiner Mutter saßen. Die winzige Gestalt war in einen kleinen, silberblauen Sarg gebettet, der übersät war von Fresien und noch geschlossenen Rosen.

Nach der Orgelmusik hatte der Pastor einige Abschnitte aus der Heiligen Schrift verlesen und dazu ein paar Worte gesagt. Am Schluß des Gottesdienstes ging ich am offenen Sarg vorbei, und ich erinnere mich lebhaft, wie schön das Brüderchen war mit seinem zarten, dunkelbraunen Haar und seinem runden Gesicht von durchscheinender, olivfarbener Haut. Ich konnte keine Trauer empfinden. Ich hatte ihn ja nicht gekannt und empfand ihn auch nicht als sonderlich notwendig, da ich schon zwei kleinere Brüder hatte, die ich herzlich lieb hatte.

„Trauer kann auch sehr selbstsüchtig sein“, brach Mutter jetzt das Schweigen. „Mir wurde bald klar, daß wir unseren Sohn einmal im Himmel wiedersehen würden und daß er dort kein verletztes Rückgrat haben, sondern ohne Fehl und glücklich und froh sein werde, uns zu sehen. Dort würde es dann ein freudiges Wiedersehen geben."

„Bei dir klingt das Wort Tod fast wie eine fröhliche Sache", sagte ich wehmütig.

„Ich bin überzeugt, daß es das auch ist", sagte Mutter, während Vater bekräftigend nickte.

Meine Zweifel ließen sich nicht ganz ausräumen, und so verfolgte ich den Gegenstand nicht länger. Der Tod war für mich einfach das Ende des Lebens, wie ich es kannte. Wie konnte darin etwas Gutes liegen?

Ich schmiegte mich an meinen Mann und ergriff seine Hand. Sein Lebenswille und seine Tatkraft hatten mich immer angezogen. Er hatte stets nur das Leben gesucht. Diese Einstellung übertrug er auf alle Gebiete, auf Arbeit, Spiel, Liebe und seit kurzem auch auf seinen Einsatz in der Kirche, wo er mit großem Eifer angefangen hatte, das Gruppensingen zu leiten.

Schon als 13-, 14jähriger war er zusammen mit seinen zwei jüngeren Brüdern die wichtigste Stütze für die familienbetriebene Tomatenfarm in Middletown in Indiana gewesen. Mit fünfzehn Jahren träumte er davon, einen Sportwagen zu besitzen. Als er dann seinen Führerschein hatte, arbeitete er so verbissen und sparte so viel Geld zusammen, daß er sich einen gebrauchten Cadillac mit abnehmbarem Verdeck kaufen konnte und damit den Neid seiner Schulkameraden erregte.

Darauf folgte eine Phase jugendlicher Wildheit, die ihn zweimal an den Rand des Todes brachte. Einmal fuhr er einen Lastwagen mit Kies, übersteuerte ihn in einer Kurve auf einer abschüssigen Strecke und stürzte mit dem Lastwagen in ein über zwanzig Meter tiefes Wasser. Der Wasserdruck in der Tiefe machte es ihm unmöglich, die Wagentür zu öffnen oder das Fenster herunterzukurbeln. Irgendwie gelang es ihm dann doch mit letzter Kraft, das

Fenster zu zertrümmern, bevor ihm die Luft ausging, und schwamm nach oben.

Das andere Mal fuhr er nachts von einer Party heim, auf der sie tüchtig getrunken hatten. Während der Fahrt forderten ihn die jungen Burschen in seinem Wagen auf, mit einem Eisenbahnzug bis zum nächsten Bahnübergang um die Wette zu fahren.Ohne an die vereisten Straßenabschnitte zu denken, jagte er die Maschine auf Hochtouren, geriet plötzlich auf eine glatte Stelle, so daß der Wagen gegen den fahrenden Zug schlitterte.

Hans war der einzige Schwerverletzte mit einem gebrochenen Bein und schlimmen Schnittwunden an Kopf und Gesicht. Kurz nach diesem Unfall bin ich ihm an einem Sonntag das erstemal begegnet. Er war noch auf Krücken und strahlte mit etwas schiefem Grinsen zu mir herüber, wobei er mit seinem umwickelten Kopf eine etwas komische Figur abgab. Später erfuhr ich erst, daß er sich am Abend zuvor geweigert hatte, mit seiner Clique auszugehen. Dabei hatte er erklärt: „Ich habe vor, morgen in die Kirche zu gehen. Wie ich höre, hat der neue Pastor eine hübsche Tochter.“ Sie hatten ihn daraufhin nur ausgelacht.

An jenem Sonntagmorgen sah er wirklich noch so aus, als ob er von einem Zug erfaßt worden wäre. Ich sah einen böse zugerichteten jungen Mann vor mir, der etwas kleiner war als ich, und ich war kein bißchen von ihm beeindruckt, weil ich nach einem größeren, intellektuellen jungen Mann mit feinem Benehmen und geistigen Interessen Ausschau hielt.

Wie sehr habe ich damals Hansens Ausdauer und Willenskraft unterschätzt. Er ist an jenem Sonntag heimgekommen und hat seiner Mutter und seinem Vater erzählt, er werde die Tochter des Predigers heiraten. Und wirklich, Hans trennte sich von seiner wilden Meute, beteiligte sich von da ab aktiv an der Gemeindearbeit und wurde ein warmherziger, zartfühlender und selbstloser Mensch, der in der Folgezeit mein Herz gewann.

Zwei Jahre später heirateten wir am Erntedanktag. Hans arbeitete damals in der Lackiererei eines Automobilwerkes in New Castle im Staate Indiana. Seine Tätigkeit bestand darin, achtzig Pfund schwere Radachsen in einen Hochofen zum Härten einzuführen — eine die physischen Kräfte aufs äußerste beanspruchende Arbeit.

Bald nach unserer Hochzeit brachte ich Hans dazu, nach Terre Haute überzusiedeln, wo er Leiter der Sunoko-Tankstelle mit Reparaturwerkstatt an der Ecke Harrison-Straße und Lafayette-Allee wurde. „Hansis Sunoko-Ecke", wie man sie nannte, erweiterte sich in kurzer Zeit auf acht Tankstellen, eine Wagen-Waschanlage, einen Reifen- und Batterie-Dienst und schließlich noch eine Gebrauchtwagen-Abteilung. In meinen materialistischen Träumen sah ich im Geiste schon eine ganze Kette von Autowerkstätten entstehen, zu deren Geschäftsführer Hans allmählich aufstieg.

Trotz aller Tatkraft hatte Hans in meinen Augen damals eine wirklichkeitsfremde Seite. Es war seine mich beunruhigende Gewohnheit, jedem Hergelaufenen Kredit zu gewähren. Heruntergekommene Reisende aus dem Süden, sogenannte „Hügel-Willis" aus Kentucky, die auf der Autobahn 41 nach Norden zu uns herauf kamen, um dann in Chicago Arbeit zu suchen, machten häufig bei uns Halt und erzählten dann Hans ihre vom Pech gezeichnete Lebensgeschichte. Oftmals weigerte er sich danach, von ihnen Geld anzunehmen, und schlug ihnen vor, ihm das Geld zu überweisen, wenn sie Arbeit gefunden hätten. Manchmal schickten sie das Geld, manchmal auch nicht. Ich erinnere mich an einen kleinen, bärtigen Mann, der uns fast ein Jahr lang jede Woche einen Dollar schickte, um einen Satz Reifen zu bezahlen.

Es gab auch Gelegenheiten, bei denen ich Hans wegen

seiner menschlichen Art hätte um den Hals fallen können — wenn er etwa sein Taschentuch zog und einem Kind die Laufnase abwischte, ein andermal einen jungen Burschen in den Waschraum geleitete oder irgendeinem armen Schlucker eine Flasche Sprudel umsonst gab. Dann wiederum gab es Anlässe, bei denen mich seine Gutherzigkeit auf die Palme brachte und mich dazu hätte bringen können, ihm einen Kübel Wasser über den Kopf zu schütten. Wie an jenem hektischen Tag kurz vor Weihnachten vor einem Jahr, als er am hellichten Tag plötzlich mit einem Auto voll Kindern bei mir erschien. Ich sollte auf sie aufpassen, damit ihre geplagten Eltern währenddessen Weihnachtsgeschenke einkaufen konnten.

Mein größtes Problem seit unserer Heirat war jedoch mein Verhältnis zu seiner Mutter. Von Anfang an glaubte ich bei Mutter Upchurch eine Mißbilligung meiner ganzen Person zu spüren, so daß ich ständig auf Abwehr eingestellt war. Hans nahm die Spannung, die zwischen den beiden ihm am nächsten stehenden Frauen aufkam, gar nicht wahr. Wie sein Vater Oskar war er zu gutmütig und ging allen Familienstreitigkeiten aus dem Wege. Das zeigte sich besonders bei der Frage, welcher Kirche wir uns anschließen sollten.

Hans war bisher immer in die Kirche seiner Eltern gegangen, in der der Gottesdienst sehr würdevoll war und nach einer festen Ordnung ablief. In meiner Gemeinde gab es mehr Freiheit in der Gestaltung des Gottesdienstes und lebendiges Singen, zuweilen mit Gitarrenbegleitung. Nach unserer Eheschließung war Hans von seiner Unschlüssigkeit wie gelähmt, weil er weder seine Mutter noch mich verletzen wollte. Ich wäre ja mit ihm in seine Kirche gegangen, wenn er mich darum gebeten hätte. So aber ging er sieben Monate lang überhaupt nicht in die Kirche. Eines Sonntagmorgens zog er dann ohne ein Wort zu sagen seinen besten Anzug an und begleitete mich zum

Gottesdienst in unserer Kirche. Später schloß er sich fest an.

Meine Verstimmung gegen meine Schwiegermutter machte sich öfter Luft auf unseren „Klagetreffen", die von den Frauen der beiden Söhne von Zeit zu Zeit abgehalten wurden, wenn unsere Männer fort waren zur Arbeit. Im Grunde achteten wir alle Mutter Upchurch sehr und fürchteten sie auch ein wenig, jedoch sie zu lieben fiel uns nicht leicht.

Aber irgendwie fühlte ich mich auch schuldig, zum Beispiel wegen der Art und Weise, wie ich gleich zu Anfang die Sache mit unserer Hochzeitsreise verdorben hatte. Da Hans es sich nicht hatte leisten können, mit mir gleich nach der Trauung eine Hochzeitsreise zu machen, boten seine Mutter und seine Schwester Helen sich an, uns zu den Niagara-Fällen zu fahren. Meine Schwiegermutter hatte sich bereit erklärt, alle Kosten zu tragen. Ich aber habe nie etwas davon verlauten lassen, auch nicht, daß dann Hans und ich allein zu den Niagara-Fällen fuhren, während seine Mutter und Schwester bei Verwandten in Port Allegheny in Pennsylvania zu Besuch blieben. Ich hatte Mutter Upchurch immer nur als aufdringliche Schwiegermutter hingestellt, wenn ich erzählte, daß wir nicht einmal unsere Hochzeitsreise allein machen durften.

Mit Unbehagen denke ich an ihren letzten Besuch, als sie meine Unruhe spürte und mich deswegen in ihrer schneidenden Art zurechtwies: „Du mußt lernen, mit dem zufrieden zu sein, was du hast, junge Frau. So steht es auch in der Bibel: ‚Ich habe gelernt, in jedem Stand zufrieden zu sein' (Philipper 4,11). Und dein und mein Standort, so möchte ich meinen, ist eben hier in Indiana", folgerte sie unbeirrt.

Ich hatte sie damals nur mit Verachtung angestarrt, wobei ich mich im geheimen fragte, woher sie nur so genau meine augenblickliche seelische Verfassung wissen konnte. Denn ihr Bibelzitat traf tatsächlich ins Schwarze. Es waren die materiellen Dinge, die mich oft von geistlichen Zielen wegzogen. Aber aus irgendeinem Grund sprachen mich Bibelworte seit der Zeit meiner Hinwendung zu Christus im Alter von 13 Jahren immer an.

Noch müde von der langen Fahrt von Indiana nach Florida und etwas mitgenommen von der heißen Sonne, gingen wir alle zeitig zu Bett. Hans schlief schon fest, während ich noch wach lag und mit einem bohrenden Schmerz in meiner Seite kämpfte, der schon nach dem Mittagessen eingesetzt hatte. Um mir Erleichterung zu verschaffen, stand ich leise auf, ging auf den Balkon und beobachtete, auf das Geländer gestützt, die Lichtsignale des Leuchtturms an der Spitze einer nahen Insel. Der Schmerz in meiner Seite pochte mit jedem Blinken. Schließlich weckte ich Hans und sagte ihm, ich brauchte dringend einen Arzt.

Er erschrak heftig und weckte meine Eltern. Mein Vater und Hans brachten mich rasch zum Wagen, Mutter ließen wir bei den schlafenden Kindern zurück. Wir hielten es für das beste, mich in das kleine Strand-Krankenhaus in Tarpon Springs zu fahren, an dem wir auf der Herfahrt vorbeigekommen waren und das etwa 12 Kilometer von uns entfernt war.

Als wir aus Chrystal Beach herausfuhren, hatten die rauschenden Wedel der Dattelpalmen für mich ihren Glanz und Zauber verloren. Der knorrige, alte Feigenbaum erinnerte mich auf einmal an eine krumme, alte Hexe. Denn ich krümmte mich so vor Schmerzen und Übelkeit, daß ich den Zeitpunkt kommen sah, wo ich meinen Vater bitten mußte anzuhalten, weil ich mich übergeben mußte.

Doch da hielt der Wagen schon vor dem Krankenhaus an. Es schien noch kleiner als unsere Veterinärklinik zu Hause zu sein.

Ein Krankenwärter kam eilig mit einem Rollstuhl zur Wagentür. Ich stieg allein aus und wollte ihn schon zurückweisen, als mich eine kommende Schwäche dankbar hineinsinken ließ. Der Wärter schob mich in die Notarztstation und half mir auf den Untersuchungstisch.

Ich ballte die Fäuste, fest entschlossen, standhaft zu bleiben, wobei mir Erinnerungen aus meiner Kindheit kamen, als meine blutarme und gewöhnlich schwangere Mutter auch in einem Schwächeanfall auf eine Couch gelegt worden war. Dieser Fall war meistens dann eingetreten, wenn viele Familienmitglieder zugegen waren; dann pflegten sich besorgte Großmütter und Tanten über sie zu beugen und ihr mit nassen Tüchern die Stirn zu kühlen und die Handgelenke zu reiben, um den Kreislauf anzuregen. Meine Liebe und Sorge um sie waren immer etwas mit dem Argwohn vermischt gewesen, daß sie irgendwie ihr Elend im geheimen noch genoß. Als ich älter wurde, gelobte ich mir, niemals auf diese Art meine Schwäche zu zeigen.

Dr. Thompson, der gerade Nachtdienst hatte, war jung und zuvorkommend. Meiner Meinung nach war er zu jung und zu gut aussehend, um erfahren zu sein. Als er auf meine rechte, untere Seite drückte, wurde mir schwarz vor den Augen, und ich verlor die Besinnung. Soviel hatten also meine Gelübde bewirkt, stark zu bleiben und die Zähne zusammenzubeißen.

Als meine Augen wieder die Gegenstände erfaßten, stellte mir der Arzt eine Reihe von Fragen, ließ dann eine Urinuntersuchung, eine Blutprobe und eine Röntgenaufnahme machen. Nachdem er die Ergebnisse geprüft hatte, sprach er offen mit mir.

„Sie sind in einer sehr schwierigen Situation, aber auch ich. Ich muß Ihnen leider mitteilen, daß Sie einen stark geschwollenen Blinddarm haben, der kurz vor dem Aufbrechen ist. Die Blutuntersuchung weist auf eine schwere Entzündung hin. Ich habe nur 24 Betten in dieser kleinen Klinik hier an der Küste, und ich habe schon 26 Patienten aufgenommen, von denen zwei in den Wehen liegen. Außerdem bin ich zur Zeit der einzige diensttuende Arzt. Ihr Blinddarm müßte sofort herausgenommen werden, aber ich kann das hier nicht machen."

Ein sofortiger Anruf im Morton-Plant-Krankenhaus von Clearwater sorgte dafür, daß alle Vorbereitungen getroffen wurden, um mich dort aufzunehmen und den Operationssaal nach den Anweisungen des Chefchirurgen herzurichten.

Dr. Thompson gab mir die Warnung mit auf den Weg: „Wenn Sie Erleichterung verspüren, dann müssen Sie wissen, daß Ihr Blinddarm durchgebrochen ist. Lassen Sie sich nicht zu etwas überreden. Drängen Sie auf sofortige Operation. Bei Ihnen ist unverzüglich ein chirurgischer Eingriff nötig."

Der Arzt gab mir noch eine Spritze, um die Schmerzen zu lindern. Minuten später hörte das Pochen auf, und ich befand mich plötzlich in einer Art Hochstimmung. Alles schien doch noch gut zu werden, folgerte ich daraus.

Zwei Sanitäter kamen jetzt in den Notarztraum und bereiteten mich sorgfältig für den dreißig Kilometer weiten Transport in das Krankenhaus von Clearwater vor. Sie wickelten mich gewissenhaft in ein weißes Tuch ein, so daß ich an beiden Enden hübsch gebündelt aussah, wie ein Brautgeschenk am Hochzeitstag. Dann wurde ich sanft hochgehoben, und es war mir, als schwebte ich in den hinteren Raum des Krankenwagens, dessen Inneres über den Wagenfenstern mit Samtvorhängen abgeschirmt war.

Hans saß neben mir und hielt mir die Hand, während Vater mit unserem Auto hinter dem Ambulanzwagen herfuhr.

Ich war noch immer in Hochstimmung und nahm dabei alles deutlich war — das wechselnde Rot der Ampeln, das durch die Fenster schien, die heulende Sirene, die durch das gut isolierte Innere des Wagens gedämpft wurde.

Wir waren ganz still und fühlten uns sehr einsam, nachdem die Fahrer die Vorhänge hinter sich zugezogen hatten. Dann fing Hans an zu philosophieren und hing während der ganzen Fahrt nach Clearwater solchen Gedanken nach: „Wie töricht doch unsere ganzen Wertvorstellungen sind. Wir legen so viel Wert auf Geld und Besitz — bis zu einem solchen Augenblick wie diesem. Noch letzten Monat verlieh mir Sunoko die Auszeichnung ‚bester Verkäufer des Monats'. Es schien mir seinerzeit überaus wichtig; doch was bedeutet es jetzt noch? Meine Mutter hatte recht. ‚Wenn du den Herrn Jesus hast und deine Gesundheit', so sprach sie zu mir, ‚so ist das alles, was man zu einer Ehe wirklich braucht.' Damals schien mir das zu einfach — aber sie hat recht gehabt, Betty."

Ein Pfleger, eine Hilfsschwester und die Stationsschwester empfingen uns am Eingang der Notarztstation des Krankenhauses von Clearwater und fuhren mich in den Vorbereitungsraum, der an den Operationssaal angrenzte. Die notwendigen Formulare wurden ausgefüllt, und meine rechte Seite wurde rasiert und gekennzeichnet.

Dr. Malcolm White, ein älterer Mann mit gequältem Blick, untersuchte mich. Schließlich nahm er die Brille ab, wischte sich mit einem Taschentuch über das Gesicht und sagte mit überlegenem Lächeln: „Ich bin froh, daß Dr. Thompson nicht in der Lage war, Sie in seinem Hospital zu operieren. Bei allem schuldigen Respekt für einen Kollegen bin ich fest davon überzeugt, daß er eine falsche Diagnose gestellt hat. Sie hätte, wenn wir danach vorgingen, unnötigerweise den Urlaub Ihrer beiden Familien verdorben. Sie haben eine innere Infektion, die wir, wie ich glaube, mit Penicillin behandeln können. Wir werden Sie einen Tag oder etwas länger hierbehalten, bis die Entzündung abgeklungen ist und sich die Schwindelanfälle verlieren. Danach werden Sie sich wie neugeboren fühlen."

Das war natürlich Musik in unseren Ohren. Hans und mein Vater kehrten in unsere Ferienwohnung zurück, und ich konnte wieder beruhigt schlafen.

Aber die Entzündung klang nicht ab. Tag um Tag besprachen sich die Ärzte, ließen neue Untersuchungen vornehmen und Penicillin gegen die Infektion spritzen. Doch die Schmerzen kehrten zurück.

Als dann meine Temperatur wieder anstieg, zogen sie noch einen Facharzt der Inneren Medizin zu Rate. Nach der Auswertung der Röntgenaufnahmen sagte er: „Nach meiner Erkenntnis haben Sie sehr wahrscheinlich eine Eileiter-Schwangerschaft."

Am zwölften Tag meines Aufenthaltes in dem Krankenhaus von Clearwater versammelten sich mehrere Ärzte in meinem Krankenzimmer, um einen ausführlichen Krankheitsbericht zu erstatten und noch einmal eine gründliche Untersuchung aller Organe meines Unterleibes vorzunehmen. Als ich dagegen Einspruch erhob, schalteten sich Hans und mein Vater ein und schlugen vor, mich nach Indiana zurückzufliegen und in unser dortiges Krankenhaus einzuweisen.

Die Ärzte willigten ein, mich zu entlassen, und nur wenige Stunden später war ich mit Hans und Brenda in einem Flugzeug nach Terre Haute. Nach der Landung bat ich Hans, mich unverzüglich nach Hause zu bringen. Er war sehr überrascht. „Ich dachte, die Ärzte hätten dir nahegelegt, dich sofort nach unserer Ankunft ins Krankenhaus einweisen zu lassen", hielt er mir vor.

„Bedenke, Hans", erwiderte ich, „jeder dieser Ärzte hatte eine andere Meinung über meine Krankheit. Nie haben sie sich einigen können. Dr. Thompson hat so gesagt, Dr. White wieder anders. Sie haben meinen Fall endlos diskutiert, Tag um Tag von neuem über mich palavert. Ich bin jetzt die ganze Sache leid. Ich möchte nur noch nach Hause. Ich werde schon einen Weg finden, damit die Infektion aufhört.“ Dabei kam mir noch in den Sinn, daß ja meine Eltern und Gary mit unserem Wagen von Florida heimfuhren. „Ich werde mich in das Krankenhaus aufnehmen lassen, wenn Mama und Papa heimkommen“, erklärte ich.

Zögernd gab Hans nach, aber nur unter der Bedingung, daß ich auch im Bett bliebe. Das brauchte er mir nicht zweimal zu sagen. Ich fühlte mich hundeelend. Aber ich hatte noch ein anderes Problem, mehr geistiger Art. Das war mein Stolz.

Rückblickend auf diese Entscheidung muß ich bekennen, daß sie ganz und gar unvertretbar erscheint. Warum mißachtete ich bewußt die Anweisung der Ärzte, mich sofort ins Krankenhaus zu begeben? Der Grund, den ich Hans gegenüber anführte, daß sich die Ärzte nicht darauf einigen konnten, was mir fehlte, war zutreffend, doch den wahren Kern der Sache traf er nicht. Inzwischen ist mir klar geworden, daß ich immer dazu neigte, die Dinge selbst in die Hand zu nehmen. Eine geradezu wilde Abneigung gegen Krankenhäuser war in mir aufgekommen, weil ich dort völlig außer Gefecht gesetzt war.

Da liegt der Patient auf dem hochgestellten Bett wie eine auf dem Präsentierteller liegende Schaufensterpuppe, dazu verdammt, sich nur noch als Objekt zu verhalten, ein Stück Anatomie mit einem kranken Organ, aber nicht mehr wie eine Persönlichkeit. War es nun falsche Bescheidenheit oder Prüderie, die mich davor zurückschrecken ließen, mir die Brust aufdecken und vaginale und rektale Untersuchungen vornehmen zu lassen? Oder war es das ununterbrochene Gerede über meine Unterleibsprobleme dort im Krankenhaus von Clearwater?

Hinzu kommt, daß man Tag und Nacht dem Krankenhausbetrieb vollkommen ausgeliefert ist — um sechs Uhr morgens wird das Thermometer in den Mund gesteckt, auch wenn der Patient dabei aus dem besten Schlaf gerissen wird. Fünfzehn Minuten später wird ihm ein Waschlappen aufs Gesicht gelegt. Danach zwanzig Minuten langes Absitzen auf der Bettpfanne — kaum kann der Patient auch nur etwas dazu beitragen, in den Ablauf der Ereignisse einzugreifen.

Sich zu beschweren brachte nichts ein, fand ich bald heraus; es führte im Gegenteil häufig zu schlechterer Bedienung und nachlassender Aufmerksamkeit. Auch Versuche, mit den Ärzten darüber zu sprechen, halfen nicht weiter. Ich konnte an ihren Augen die Ungeduld, nur schnell wieder woanders zu sein, deutlich ablesen: „Ich weiß über ihren Zustand Bescheid, sie nicht. Lassen Sie sie sich ruhig ein wenig aussprechen. Sprechen Sie nett mit ihr!"

Aber ich blieb dabei: „Schließlich ist es mein Körper, über den ihr diskutiert und entscheidet. Mein Leben und meine Zukunft stehen auf dem Spiel. Wie kommt ihr dazu, mich einfach zur Seite zu schieben?" Ich fühlte mich als Person leicht ignoriert, in die Ecke gestellt. Deshalb empfand ich das ganze Krankenhaussystem als einen Angriff auf meine Persönlichkeit.

Natürlich versuchte ich, nach außen unbekümmert und heiter zu erscheinen. Ich grüßte die Schwestern immer betont herzlich und die Ärzte mit offener Freundlichkeit. Es kam mir darauf an, daß sie mich für einen guten Patienten hielten. Aber hinter der Fassade war ich voller Auflehnung, vor allem wegen des deprimierenden Gefühls meiner Hilflosigkeit. Damals wußte ich nicht, wie ich damit fertig werden sollte.

Dadurch, daß ich die Dinge selbst in die Hand zu nehmen suchte und mich weigerte, zur weiteren Behandlung wieder ins Krankenhaus zu gehen, drängte ich mich selbst in einen nicht absehbaren Widerstreit zwischen zwei unversöhnlichen Kräften — meinem Stolz auf der einen und einer tödlichen Krankheit auf der anderen Seite.

3

DER TRÖSTER

Drei Tage später wachte ich in panischer Angst auf. Ich war glühend heiß vor Fieber. Mein ganzer Körper war aufgequollen wie ein Luftballon. Ich konnte meine Beine nicht mehr bewegen, hatte kein Gefühl mehr in den Händen und konnte nur mit Mühe Atem holen.

„Hans, wach auf, wach auf! Ich weiß nicht, was mit mir los ist.“ Die Stimme klang nicht wie meine, sie schien von jenseits des Zimmers zu kommen. Und dann wurde ich fast hysterisch, als ich feststellte, daß ich nichts mehr sehen konnte.

Hans sprang aus dem Bett und rief meine Eltern an. „Betet für Betty! Es geht ihr viel schlechter. Kommt bitte auf die Erste-Hilfe-Station des Krankenhauses, sobald ihr könnt.“ Darauf rief er das Krankenhaus an und verlangte nach dem Chirurgen: “Hier ist ein Notfall“, sagte Hans mit bebender Stimme.

Ich wurde ohnmächtig, kam wieder zu Bewußtsein, wurde von neuem ohnmächtig und kam wieder zu mir. Das Gefühl kehrte wieder in meine Hände zurück; sie waren eingeschlafen. Auch die Sehkraft stellte sich langsam wieder ein, aber riechen und schmecken konnte ich noch nicht.

Hans verständigte einen Nachbarn, der sich bereit erklärte, sofort herüberzukommen und bei Brenda zu bleiben. Dann zog er sich schnell an und hüllte mich in einen Bademantel. Ich fühlte seine Arme unter meinen Knien und Schultern, als eben Brenda ins Zimmer kam.

Ich riß mich zusammen und richtete meinen Blick zur Tür, in der meine Tochter in ihrem Schlafanzug mit den aufgedruckten roten Teddybären stand. Unter dem einen Arm hatte sie ihren „Klimperer", einen großen Plüschesel, unter dem anderen „Pete", ihren lebensgroßen Stoffaffen.

„Was ist denn mit Mami? Sie kann doch allein gehen, Papi. Warum trägst du Mami?"

„Es ist schon gut, Liebes", sagte ich erschöpft.

Während mich Hans zum Wagen brachte, wurde mir schwarz vor den Augen. Erst als Hans mit quietschenden Reifen eine Kurve nahm, kam ich zu mir. Endlich hielten wir vor der Unfallstation des Union-Krankenhauses. Dabei durchfuhr mich wie ein Blitzstrahl eine Flut von Gedanken. In diesem Krankenhaus bin ich geboren worden — kehrte ich nun zurück, um hier zu sterben?

Das nächste, woran ich mich erinnere, als ich die Augen aufschlug, waren die abgedunkelten Deckenlampen im Untersuchungszimmer, die wie ein Mückenschwarm vor meinen Augen umhertanzten. Ein Arzt beugte sich über mich. Er hatte noch den Frauenarzt und Chirurgen Dr. Paul Bherne hinzugezogen — eingedenk des letzten Untersuchungsberichts von dem Krankenhaus in Florida, der den Hinweis auf eine mögliche Eileiterschwangerschaft und eine abgestorbene Leibesfrucht enthielt.

Während ich so zwischen Bewußtsein und Ohnmacht schwebte, sah ich Dr. Bherne auf der rechten Kante der Untersuchungspritsche sitzen und für meinen Mann eine graphische Darstellung auf das weiße Bettlaken kritzeln. Er zeichnete ein Bild von der Gebärmutter, den Eileitern und den Eierstöcken. „Die Eileiterschwangerschaft hat hier stattgefunden", sagte er und deutete auf den rechten Eileiter. „Der Fötus ist schon eine Zeitlang abgestorben gewesen; das erklärt die fäulnisartige Infektion im Blutkreislauf Ihrer Frau."

Bevor ich in den Operationssaal gefahren wurde,

forderte man mich auf, mehrere Schriftstücke zu unterschreiben, die das Krankenhaus für den Fall von der Verantwortung entbanden, daß mir während der Operation etwas zustieße. Weil ich nur verschwommen sehen konnte, las man mir den Text vor, und eine Krankenschwester war mir behilflich, an der richtigen Stelle zu unterschreiben.

Eins der Papiere, von denen ich eine Kopie erhielt, lautete: „Einverständnis zu einer Operation mit dem Ziel der Sterilisation: Ich, die Unterzeichnete, Patientin im Union-Krankenhaus zu Terre Haute, Indiana, bestätige hiermit, daß ich volle Kenntnis davon habe, daß die Art des Eingriffs, der unter der Leitung von Dr. Paul Bherne an mir vorgenommen wird, zur Sterilisation führt; daß das Einverständnis dazu hiermit freiwillig von mir gegeben wird, soweit ich zuständig bin, und an meiner Statt von meinen Eltern, meinem Mann, Vormund oder bestem Freund, je nach Erfordernis, wenn ich aus irgendeinem Grund unzuständig sein sollte; daß das Union-Krankenhaus und Dr. Bherne in keiner Weise haftbar gemacht werden für die Folgen der Sterilisation."

Unterhalb meiner Unterschrift befand sich noch eine Erklärung, die Hans unterschreiben mußte: „Ich, der Ehemann der Betty Upchurch, der obenerwähnten Patientin, habe von dem Inhalt und der Bedeutung des obigen Dokuments Kenntnis genommen. Ich bin damit einverstanden und ersuche, stimme ausdrücklich zu und empfehle, daß besagte Operation ausgeführt wird."

Mit unserer Unterschrift gaben wir jede Möglichkeit eines Familienzuwachses aus der Hand — doch was hatten wir für eine andere Wahl! Wie traurig, durchfuhr es mich, daß Brenda nie mehr ein Brüderchen oder Schwesterchen haben konnte.

Man rollte mich in den Operationssaal und legte mich auf den Behandlungstisch. Ein weiterer Arzt sowie ein

Narkosearzt assistierten Dr. Bherne. Sie gaben mir eine Rückenmarksinjektion, dazu eine Natriumspritze in den rechten Arm — dann folgte das Auszählen: 99, 98, 97... Ich hörte mich selbst darüber klagen, daß es auf diesem Operationstisch zu kalt sei, daß er viel zu tief in mich hineinschneide, glatt durch meinen Rücken bis in den Tisch.

Dr. Bherne, zu einer Operationsschwester gewandt, sagte: „Ich weiß genau, daß sie das unmöglich spüren kann. Mehr Natrium, bitte."

Von da an spürte ich überhaupt nichts mehr, aber Fetzen von der Unterhaltung der Mediziner drangen noch durch meine umnebelten Sinne. Dazwischen fielen kurze Bemerkungen wie „eine riesige Masse", dazu viele Fachausdrücke, und bevor ich in tiefe Bewußtlosigkeit versank, erreichten mich noch die Worte: „Ich sehe keine Möglichkeit, wie sie diese schwere, gangränöse Infektion überstehen kann."

In meiner Kindheit pflegte unsere Familie jedes Jahr einen gemeinsamen Ausflug in die Nähe von Rockeville in Indiana zu machen. Dort picknickten wir unter der braunen, einspurigen, etwa zehn Meter langen Brücke, die den Wabash-Fluß überspannt. Obwohl sich das Flüßchen in schnellem Lauf durch dieses Waldgebiet schlängelt, ist es doch ziemlich breit und auch tief genug zum Schwimmen. Sein Wasser war damals so frisch und klar, daß wir es tranken.

Meine Onkel hatten ihren Spaß daran, bei diesen Anlässen mit uns Kindern herumzutollen, besonders Onkel Jesse, der in seiner Stellung als Güterzugbremser meine höchste Bewunderung genoß. Onkel Jesse pflegte mich dabei wie einen Sack Kartoffeln hochzuheben — dann quietschte ich vor Vergnügen, wenn ich aus den starken Armen des einen Onkels zu dem anderen durch die Luft segelte.

Nach der Operation befand ich mich zunächst auf der Aufwachstation. Dort träumte ich — meine Temperatur war auf 40,5 Grad Celsius gestiegen, und das Morphium tat seine volle Wirkung —, daß ich eben wieder durch die Luft von Onkel zu Onkel flog. Plötzlich wechselte die Szene vom Wabash-Fluß in eine große Stadt, und winzige, rote Männer stießen mich von einem Kirchturm, daß ich zum Dach eines Wohnblocks und von dort weiter zu einem Wolkenkratzer flog. Die zwergigen Gestalten kreischten jedesmal vor Lachen, wenn ich fast zu Boden gefallen wäre.

Danach war mir, als würde ich von einem Düsenflugzeug zu einem anderen geschleudert, während mich gleichzeitig noch andere Flugzeuge aus allen Richtungen umschwirrten. Dabei emfand ich einen furchtbaren Schmerz in meinem Magen, der sich verschlimmerte, sooft mich eine der kleinen Gestalten berührte.

War das der Tod? fragte ich mich. Die Stimme im Operationssaal hatte ja gesagt, ich könne die Infektion nicht überleben. Doch wie konnte das der Tod sein, wenn ich noch solchen Schmerz empfand?

Wieder drangen Worte zu mir durch, an die ich mich gleichsam klammerte. Es war die Stimme von Dr. Bherne: „Ich habe noch nie in den achtzehn Jahren meiner Praxis in eine solch widerliche Masse hineingeschnitten." Darauf hörte ich meines Vaters Stimme, verstand aber nicht, was er sagte. Dann war es wieder Dr. Bherne, der sprach: „Thompson hatte recht mit seiner Diagnose. Es war keine Eileiterschwangerschaft. Es war tatsächlich ein durchgebrochener Blinddarm. Ja, ihr Blinddarm zerbarst mit solcher Wucht, daß alles, was ich davon vorfand, nur noch kleine Gewebeteilchen waren. Ich habe gar nicht mehr den Versuch gemacht, sie zu entfernen. Ebensowenig sinnvoll wäre es gewesen, den Einschnitt von innen her wieder zu vernähen. Wir werden ihn zum Abfließen offen lassen."

Wie sie jetzt weitersprachen, verstand ich ihre Worte

nur noch halb. Später berichtete mir mein Vater das Wesentliche von Dr. Bhernes Diagnose über mich. Eine Infektion des Bauchfells hatte alle meine inneren Organe erfaßt und bei einigen bereits zu Gewebezerfall geführt.

„Ich habe starke Männer, bei denen nicht einmal zusätzliche Komplikationen auftraten, mit solch einem durchgebrochenen Blinddarm sterben sehen", berichtete er meinen Eltern. „Ihre Tochter hat diesen riesigen Entzündungsherd schon elf Tage lang mit sich herumgetragen. Ich bin überzeugt, daß sich die ausgestreuten Bakterien jetzt in ihrem ganzen Körper verbreitet haben. Sie ist im Grunde ein hoffnungsloser Fall."

Da 1959 nur wenige Krankenhäuser Intensivstationen hatten, wurden in meinem Fall Vorkehrungen für einen Rund-um-die-Uhr-Dienst getroffen — drei Schwestern übernahmen die Pflege für den gesamten Tag, jede acht Stunden lang. Eine Magenpumpe, deren langer Schlauch durch meine Nase führte, mußte gewissenhaft überwacht werden, damit der Magen sauber ausgespült und Erbrechen oder Blutsturz verhindert wurden. Mein Blutdruck, Puls und Herzschlag wurden ständig kontrolliert.

Dr. Bherne bat meine Eltern, die intravenöse Ernährung zu überwachen und darauf zu achten, daß die Bluttransfusion ohne Störung verlief. Meine Venen hatten teilweise wegen des hohen Fiebers und der Giftstoffe in meinem Blut nicht mehr voll reagiert. Nahe Verwandte könnten mich besuchen, meinte der Arzt, etwa ein bis zwei zu jeder Besuchszeit. Meine Eltern wie auch Hans durften Tag und Nacht bei mir bleiben und mir beistehen.

Mir war bewußt, daß dies für Hans eine äußerst schwierige Zeit sein würde. Vor Krankenhäusern und Ärzten hatte er immer großen Respekt gehabt. Vater erzählte mir später, daß der bloße Anblick meines eingefallenen bleichen Gesichts nach der Operation auch ihn fast gelähmt habe. Noch Tage danach, wenn er mich besuchte, tätschelte er mir nur kurz die Schulter und verzog sich dann nach draußen, saß dort auf dem Flur mit dem Rücken gegen die Tür gelehnt, um ungebetene Besucher von mir fernzuhalten. Da hockte er stundenlang und wich nur zur Seite, um Schwestern, Ärzte und Familienangehörige herein- und herauszulassen.

Ich machte den Versuch, Hans zu trösten, war aber zu schwach dazu. Wenn er nach seiner Gewohnheit ins Zimmer kam und mich zart auf die Wange küßte, konnte ich kaum die Augen aufmachen. Irgendwie suchte ich seine Nähe, damit er mir von seinen Schwierigkeiten im Geschäft und von Brenda berichtete. Wahrscheinlich glaubte jeder, der mich so liegen sah, ich könne weder hören noch sehen, was im Raume vor sich ging, weil meine Augen die meiste Zeit geschlossen waren. In Wirklichkeit nahm ich alles wahr, was um mich herum vorging.

Während Mutter mit Brenda und Gary zu Hause blieb, ließ es sich mein Vater nicht nehmen, Tag und Nacht an meinem Bett zu sitzen, nachdem er die Scheu der ersten Tage überwunden hatte. Zu bestimmten Zeiten stand er neben meinem Bett und betete laut. Sehr deutlich erinnere ich mich an diese Gebete. Die Worte flossen wie lebendiges Wasser in mich hinein, sie waren ein heilender Balsam für meinen fiebergeschüttelten Geist. Dabei waren Vaters Gebete so wirklichkeitsnah, so wahr und kraftvoll, daß sie mir eine größere Hilfe bedeuteten als alle medizinischen Maßnahmen zur Erhaltung meines Lebens.

So etwa habe ich seine Gebete in Erinnerung: „Herr, mein Gott, wir sind ja so schwach, du aber bist stark. Wie lieben wir dich, vertrauen dir. Wir sind ganz und gar von dir abhängig. Betty ist dein Kind, Vater, und sie braucht jetzt deine Liebe und deine Zuwendung, dein Erbarmen und deine heilende Hand. Wir bitten nicht aus irgendeinem selbstsüchtigen Grund um ihr Leben. Du hast sie uns für ein paar Jahre anvertraut, und zugleich wissen wir, daß sie von jeher dir gehört hat. Deshalb preisen wir dich für deine Güte gegen uns während all dieser Jahre, für die Segnungen, die du über uns ausgeschüttet hast, für deine ständige, tägliche Gegenwart bei uns im Hause. Wir können spüren, wie deine Liebe auch jetzt dieses Zimmer erfüllt. Dank sei dir, himmlischer Vater, für deine tröstende Gegenwart."

Wie sich so die Worte aus meines Vaters Gebeten in meinen Geist einsenkten, kam mir eine ganz bestimmte Erkenntnis. Gott war für meinen Vater ganz wirklich. War er das auch für mich? Gewiß, ich hatte schon jahrelang zu ihm gebetet, ihm zu Ehren Lieder gesungen, seinen Namen im Munde geführt — und doch mußte ich zugeben, daß ich mich nicht eng mit ihm verbunden fühlte.

Der Fehler lag offensichtlich bei mir. Ich hatte mich viel zu tief in das Leben und Wesen dieser Welt verstrickt und gar kein Verlangen mehr nach ihm gespürt. Bis zu diesem Zeitpunkt war ich noch nie richtig krank gewesen. Meine Eltern und Hans hatten immer für ein angenehmes Leben gesorgt. Brenda hatte mir die Erfüllung als Mutter gebracht. Wo brauchte ich eigentlich Jesus? Als Jesus auf der Erde war, hatte er sich solchen Menschen zugewandt, die in Not waren. Im Grunde hatte ich bis jetzt noch keine Not gehabt.

Eine Reihe früherer Erlebnisse rollte vor meinem Auge ab. Ich war dreizehn Jahre alt. Es war ein Sonntagabend, und Vater hatte eine aufrüttelnde Predigt über die Notwendigkeit gehalten, Jesus Christus als Erlöser anzunehmen. Wir sollten für seine Wiederkunft stets bereit sein. Niemand wolle doch von der Herrlichkeit, die er uns hier auf der Erde und bis in alle Ewigkeit zugesagt hat, ausgeschlossen sein.

An jenem Abend fuhren wir vom Gottesdienst durch den nordöstlichen Teil von Terre Haute, nicht weit ab vom

Paul-Cox-Flughafen, nach Hause. Aus dem Wagenfenster erspähte ich ein Licht am Himmel, das zu dem kleinen Flugfeld niederschwebte. In der Erinnerung an Vaters Predigt fragte ich mich: „Wenn das jetzt Jesus wäre, der dort herunterkommt — wäre ich dann bereit für ihn?“

Es war bloß ein Flugzeug, das zur Landung ansetzte, aber diese Frage ließ mich nicht mehr los. Als ich spät an jenem Abend in der Dunkelheit meines Zimmers im Bett lag, ertappte ich mich dabei, wie ich die Worte eines Gebets wiederholte, das ich schon jahrelang nicht mehr gebetet hatte:

„Nun leg ich mich nieder zum Schlafen.
Herr, bewahr meine Seele in Gnaden.
Sollt ich vor dem Aufwachen sterben,
laß sie dein ewiges Reich ererben.“

Die dritte Zeile versetzte mich damals in Unruhe: „Sollte ich vor dem Aufwachen sterben...“ Könnte es denn so etwas überhaupt geben? Wenn das möglich war, würde ich dann tatsächlich all das versäumen, was uns Gottes Wort verheißt? „Ich bin noch nicht bereit zu sterben“, war mein Gedanke.

Ich bin damals aus dem Bett gesprungen und an die Schlafzimmertür meiner Eltern geeilt. Sie hatten das Licht schon aus. Trotzdem klopfte ich.

„Was gibt's?“ fragte mein Vater schlaftrunken.

Ich war ganz durcheinander. Schließlich platzte ich mit den Worten heraus, die mir die ganze Zeit durch den Kopf gegangen waren: „Ich bin nicht bereit zu sterben.“

Sofort waren meine Eltern hellwach. Mit seinem besonderen Einfühlungsvermögen hatte Vater klar erfaßt, was mit mir los war und was er zu tun hatte. Er nahm mich bei der Hand, und beide Eltern gingen mit mir ins Wohnzimmer hinunter.

„Bist du bereit, Betty, dein Leben dem Herrn Jesus zu übergeben?"

Ich nickte. Zwischen meinem Vater und meiner Mutter kniete ich vor unserer geblümten Couch mit den drei Kissen nieder, die eine Hand in Vaters, die andere in Mutters Hand.

„Herr Jesus, ich nehme dich als meinen Erlöser an. Ich übergebe dir mein Leben, damit du es nach deinem Willen gestaltest."

Dann las Vater aus dem Johannes-Evangelium die Stelle, wo sich Jesus kurz vor der Auferweckung des Lazarus von den Toten mit Martha unterhält: „Jesus spricht zu ihr: Ich bin die Auferstehung und das Leben. Wer an mich glaubt, wird leben, auch wenn er stirbt; und jeder, der da lebt und an mich glaubt, wird in Ewigkeit nicht sterben" (Johannes 11,25-26).

Dreizehn Jahre waren seit jener Nacht vergangen; ich war während der ganzen Zeit treu zur Kirche gegangen und hatte versucht, rechtschaffen zu leben. Aber hier in meinem Krankenbett empfand ich auf einmal eine deutliche Zurechtweisung durch meinen Herrn: Ich hatte wohl nach gewissen Regeln gelebt, aber Jesus kannte ich im Grunde meines Herzens nicht. Ich hatte die wichtigste Sache in meinem Christenleben verpaßt.

Trotz des Fiebers und der Schmerzen wurde ich gewahr, daß ein neuer Lernprozeß in meinem Geist begonnen hatte. Etwas war in mir schon durch Vaters Gebete in Bewegung geraten; mein Geist war auf dem Weg, wieder mit Gottes Geist in Verbindung zu treten.

Dann traten zwei Ereignisse ein, die mir mehr als alles andere bisher bewußt machten, daß der Heilige Geist, der Tröster, in mir am Wirken war. Das erste zeigte sich bei der Ankunft meiner Schwiegermutter. Sie war von New Castle 225 Kilometer bis hierher gefahren. Als sie jetzt zum erstenmal mit Hans das Krankenzimmer betrat, wollte die alte, geladene Atmosphäre zwischen uns beiden wieder aufkommen. Ich hielt die Augen geschlossen, aber ich konnte beinahe sehen, wie sie mich mit ihren dunklen gierigen Augen forschend betrachtete und die Apparatur der Intensivstation samt den Blumenvasen im Zimmer musterte. Minutenlang beugte sie sich teilnehmend wie eine Glucke über mich, wandte dann, als sie sah, daß ich nicht darauf eingehen konnte, ihre Aufmerksamkeit Hans zu. Das Verhör begann. „Hat Brenda gute Pflege gehabt? Ist das Haus richtig versorgt? Hast du auch immer deine Mahlzeiten bekommen? Und auch genug Schlaf?"

Wie so das Fragespiel zwischen Mutter und Sohn weiterging, hörte ich heraus, daß Hans allein im Haus gewohnt hatte — Brenda war ja die ganze Zeit bei meinen Eltern — und daß die Küche vor schmutzigem Geschirr übergequollen war. Hans gab kleinlaut zu, daß er ein Mädchen für einen Dollar die Stunde zum Waschen des Geschirrs eingestellt hatte. Sie hatte sechs Stunden dafür gebraucht.

Ich merkte, wie ich langsam ärgerlich wurde, weil meine Schwiegermutter nur wegen Hans besorgt war. Schließlich war ich dem Tod nahe, nicht Hans. Es sah fast so aus, als ob die ganze schwierige Situation meine Schuld wäre und sie, Dorothy Upchurch, die Dinge wieder in Lot bringen müßte, was sie offensichtlich auch zu tun beabsichtigte, indem sic zunächst einmal mit meiner Küche anfing.

Doch als ich spürte, daß meine alte Abneigung wieder hochkam, wie es sonst immer der Fall gewesen war, wenn ich mit ihr zu tun hatte ,trat etwas Überraschendes ein. Eine sanfte Kühle überströmte meinen aufgewühlten Geist und machte mich ganz ruhig. So wie Brandsalbe verbrannte Haut beruhigt und den Schmerz lindert, so löschte diese Kühle die hitzigen Gefühle in mir. Darauf war es mir, als hörte ich die Worte: „Sie hat ja Grund, über

Hans besorgt zu sein; aber sie liebt auch dich, und eines Tages wirst du sie so sehen, wie ich sie sehe, und wirst sie auch lieben."

Danach sah ich einen Abschnitt der Heiligen Schrift sich wie auf einem Bildschirm vor meinen Augen entfalten. Die Verse stammten aus einem der langen Psalmen: „Herr, die Erde ist voll deiner Gnade; lehre mich deine Satzungen! Du hast deinem Knechte wohlgetan, o Herr, nach deinem Wort. Lehre mich rechte Einsicht und Verständnis; denn ich vertraue deinen Befehlen. Ehe ich gedemütigt ward, irrte ich" (Psalm 119,64-67).

Die Worte des letzten Verses wurden immer größer, bis sie sich deutlich von den anderen abhoben. Ich begann leise zu zittern. „Ehe ich gedemütigt ward, irrte ich." Der Heilige Geist machte mir durch Gottes Wort etwas klar — daß ich nämlich in die Irre gegangen war, daß ich viele Dinge in Ordnung zu bringen hatte, nicht nur bei meiner Schwiegermutter. Dann hörte ich die aufrichtenden Worte: „Wer um meinetwillen leidet, kann mir dienen."

Meine zweite Erfahrung der Gegenwart des Heiligen Geistes ergab sich am Ende von drei quälenden Tagen, die von einem Darmverschluß herrührten. Bevor ich wieder in die Chirurgie kam, hatten die Ärzte entschieden, meine Beschwerden durch einen rektalen Eingriff und Massage zu beheben, was in höchstem Maße peinlich und unangenehm ist. Während zwei Schwestern mit beiden Händen in Gummihandschuhen auf mir herumkneteten, biß ich die Zähne zusammen und dachte bei mir selbst: Das ist ja gräßlich! In meinem ganzen Leben mußte ich so etwas noch nicht über mich ergehen lassen!

Als ich mich dann an den Tröster wandte, ging eine wunderbare Veränderung in mir vor. Mein Stolz fing an, wie Wachs an der Sonne zu schmelzen. Ich vergaß ganz, daß ich einen Körper aus unterschiedlichen Teilen besaß, einige zum Betrachten, einige zum Verhüllen. Ich wurde auf einmal ein Körper, eine Person, ein Geist. Und wie ich mich jetzt nach Jesus ausstreckte, legte er seine Hand mit solcher Sanftheit auf mich, daß ich wußte, er sah mich so an, wie ich in der Welt des Geistes wirklich war. Schmerz und Unbehagen zerflossen in einen Augenblick höchster Wonne.

Dann tauchte eine Vision vor mir auf, wie Gott es ursprünglich mit uns bei der Schöpfung gemeint hatte. Ich sah Adam und Eva im Garten Eden, glücklich, unbeschwert, unbeeinflußt von jeglichem Bewußtsein von Gut und Böse, frei von der Notwendigkeit, etwas von ihrer Persönlichkeit zu verbergen, dagegen frei und offen für Gott und füreinander. Gleichzeitig spürte ich, wie etwas in meinen Körper einströmte, was ich nur als einen Strom der Liebe bechreiben kann. Es war Jesu Liebe zu mir, dargereicht durch zwei hingebungsvolle Frauen. Gleichzeitig erfüllte mich ein überwältigendes Verlangen, Jesus von ganzem Herzen zu lieben sowie auch alle seine ihm dienenden Boten. Eine Freude und Liebe durchströmte mich, daß ich hätte bersten können.

Es folgte eine Phase unmittelbarer Schmerzerleichterung, als ob Jesus sagen wollte: „Du hast es jetzt gesehen, du kannst dich auf mich verlassen. Ich bin bei dir, auch in den größten Nöten und Schmerzen."

Das war genau die Art des Zuspruchs, den ich brauchte, um die vor mir liegenden Tage durchstehen zu können.

4

GEFANGENER LAUSCHER

Zwei Tage später wurde ich zu einem weiteren chirurgischen Eingriff zurück in den Operationssaal gerollt. Die Röntgenaufnahmen zeigten nunmehr, daß sich die Därme durch den geplatzten Blinddarm verschlungen und somit einen Verschluß verursacht hatten.

Wie während der ersten Operation nahmen die Ärzte und Schwestern auch jetzt an, daß ich, solange ich unter Betäubung stand, von dem, was gesagt wurde, nichts hören könnte. Und so redeten sie auch ganz offen darüber, wie schlecht die Aussichten waren, daß ich wieder gesund würde.

Inzwischen habe ich festgestellt, daß auch andere Patienten dieselbe Erfahrung gemacht haben. Eine meiner Freundinnen namens Ida berichtete mir, daß sie vor einigen Jahren schwer krank in einem Krankenhaus lag. Da ihre beiden erwachsenen Kinder, ein Sohn und eine Tochter, sie für vollkommen bewußtlos hielten, fingen sie an, darüber zu streiten, wer von ihnen bestimmte Gegenstände ihres Haushaltes bekäme. Es war eine solch häßliche Szene, daß Ida, die alles mitbekommen hatte, dadurch regelrecht zur Genesung angespornt worden war. „Ich machte ihnen auf doppelte Weise einen Strich durch die Rechnung", erzählte sie mir lachend, „erstens blieb ich am Leben, und zweitens änderte ich mein Testament und vermachte alles meiner Nichte."

Auch unter tiefer Betäubung scheinen gesprochene Worte noch vom Unterbewußtsein des Kranken aufgenommen, zusammengestellt und an das Gehirn weitergeleitet zu werden. Es ist ein noch wenig erforschter Vorgang.

Es kann eine Phasenverschiebung von Stunden, ja sogar von Tagen eintreten, bevor dieser Übermittlungsprozeß in Gang kommt und der Kranke eine klare Vorstellung von dem hat, was gesagt wurde. So erinnere ich mich noch an die Witze der Mediziner über meine Florida-Bräune.

Nach beiden Operationen wußte ich aus den Kommentaren der Ärzte, daß sie mich für einen hoffnungslosen Fall hielten. Das Ergebnis davon war bei mir ein innerlicher Kampf zwischen zwei Kräften — einem Gefühl der Ohnmacht, das mir sagte, ich sollte aufgeben, und einer kämpferischen Entschlossenheit, nicht nachzugeben, sondern mich zu wehren. Ich widerstand der Versuchung aufzugeben, aber ich kann verstehen, wenn andere das nicht mehr können. Und ich frage mich, wie viele ungeklärte postoperative Todesfälle von da herrühren, daß die Patienten während der Narkose ihre Sterbeurkunde schon ausgestellt bekamen und dann in einem Zustand der Verzweiflung tatsächlich aufgaben und starben.

Das Problem negativer Einflüsse in meinem Krankenzimmer bestand auch noch eine Zeitlang nach meiner ersten Operation. Zwar durften mich nur Familienmitglieder besuchen, aber ich gehöre eben zu einer großen Familie. Seitdem habe ich Stunden über Unterhaltungen gebrütet, die ich hörte, während ich scheinbar bewußtlos war. Dazu habe ich mir Aufzeichnungen gemacht und mich eingehend mit dem Problem beschäftigt, inwieweit seelische Stimmungen, bestimmte Verhaltensweisen und Unterhaltungen von Besuchern die Atmosphäre in einem Krankenzimmer vergiften oder günstig beeinflussen können.

Drei Frauen kreuzten mehrere Tage nach meiner ersten Operation zu einem Besuch auf. Was sie sagten, habe ich später in wesentlichen Zügen zu Papier gebracht.

„Betty ist doch noch so jung. Ich glaube siebenundzwanzig."

„Das war genau das Alter von Susan. Sie hinterließ ein vier Jahre altes Mädchen."

„Was hat sie gehabt?"

„Susan fuhr im Riesenrad des Vergnügungsparks drüben in Marschall, Illinois. Dabei fiel sie heraus und brach sich das Genick."

„Wie entsetzlich! Hat sie gern einen getrunken?"

„Es scheint so. Sie und Samuel hatten schon länger Probleme. Inzwischen ist Sam wieder verheiratet."

„Viel Zeit war ja nicht dazwischen."

„Für Brenda wird der Tod ihrer Mutter ja schrecklich sein. Sie hängt so sehr an ihrer Mutter."

„Ich glaube nicht, daß Hans eine heiraten würde, die Brenda schlecht behandelte."

„Ein Mann versteht davon nichts. Hans hat sich übernommen. Er ist Tag und Nacht in seinem Geschäft."

Als das Gespräch an dieser Stelle zum Thema Operationen überging, war ich erleichtert; aber es währte nur kurze Zeit.

„Wie ich gehört habe, war es ein Arzt in Florida, der Bettys Fall verpfuscht hat. Er stellte eine Art mißgebildete Schwangerschaft fest."

„Ich möchte meinen, daß es doch Untersuchungsmethoden gibt, die den Unterschied zwischen einer Schwangerschaft und einer Blinddarmentzündung feststellen können."

„Das sollte man meinen."

„Wenn durch irgendein Wunder Betty wieder gesund wird, sollte sie den Arzt belangen."

„Das würde vermutlich nichts einbringen."

„Ich glaube es fast auch."

„In New Goshen war eine Frau, die haben sie nach der Operation mitsamt einem Schwamm wieder zugenäht. Sie mußte noch einmal zu einer neuen Operation ins Krankenhaus gehen und ihn herausnehmen lassen. Dabei stellten sie fest, daß sich bereits winzige Äderchen anschickten, durch den Schwamm zu wachsen."

So schwatzten die Frauen fort, als ob sie bei sich zu Hause auf irgendeinem Kaffeeklatsch waren. Als sie sich endlich zum Weggehen erhoben, hielten sie noch eine Minute lang an meinem Bett an.

Ich werde nie das kurze Gebet vergessen, das die eine sprach: „Herr, laß sie in Frieden sterben, wenn du sie abrufst!"

Noch eine andere besuchte mich, um für mich zu beten. Valerie war aus unserer Gemeinde, und ich hatte mit ihr bei bestimmten Jugendveranstaltungen zusammengearbeitet. Sie stand an meinem Bett und fing an zu weinen. „Lieber Gott", betete sie, „wir möchten, daß an Betty dein Wille geschehe." Dann nahm ihre Stimme einen Beerdigungston an. „Wir alle müssen eines Tages sterben, Herr, und wir möchten vorbereitet sein. Bitte verschone doch Betty und laß sie noch bei uns bleiben. Aber unser Leben hier ist nur kurz und deine Ewigkeit so lang, deshalb wissen wir, daß es nie gut ist, um besondere Gunst zu bitten. Statt dessen möchten wir uns ganz unter deinen Willen beugen, so daß es keine Bedeutung mehr hat, ob wir leben oder sterben."

Valeries Herz war gewiß voller Liebe und ihre Absicht ganz und gar selbstlos. Auch was sie sagte, war sicher wahr, aber der Ton ihrer Stimme und ihr weinerliches Gehabe sagten mir, sie selbst glaubte, ich würde wohl sterben. Und das bedrückte mich einfach.

Eines Abends suchte mich ein junges Ehepaar auf, als ich allein war. Sie standen eine Zeitlang neben meinem

Bett. Ich nahm ihre Gegenwart wahr, öffnete aber nicht meine Augen. Da setzten sie sich hin und begannen miteinander zu reden.

Er fing das Gespräch an: „Margret, du hast die Zeitung schon zwei Tage lang an unserer Einfahrt liegen lassen. Ich hab's dir schon einmal gesagt. Das erweckt den Eindruck, als seien wir verreist, so daß Einbrecher ein leichtes Spiel hätten."

„Ja, am besten bestellen wir sie ab. Du kannst ja auf dem Heimweg vom Büro eine mitbringen."

„Nein. Das paßt nicht immer. An einigen Tagen komme ich nicht am Zeitungsstand vorbei."

„Ach geh, du bist doch genauso unzuverlässig wie ich. Als ich die Kinder zum Ferienlager fuhr und zurückkam, war die Post auch schon zwei Tage nicht aus dem Kasten geholt worden. Ein Briefumschlag war durch die Feuchtigkeit aufgegangen, und es waren sogar sieben Dollar in bar darin."

„Margret, du weißt doch, daß ich um diese Zeit mit Georg auf einer Reise sein mußte. Wie ich höre, will er sich von seiner Frau scheiden lassen."

„Es sieht so aus. Emily trinkt, und das treibt ihn fast zur Verzweiflung."

„Georg soll ja auch schon auf die Pirsch gehen."

Es folgte eine kurze Stille.

„Ich glaube nicht, daß diese Gerüchte Georg gegenüber fair sind. Er hat in dieser Ehe viel auf sich genommen."

Jetzt wurde das Thema gewechselt.

„Wir wollen hier nicht so lange bleiben. Wir müssen tanken, der Zeiger steht fast auf leer; und ich möchte noch ein Stück von unserem Rasen mähen."

„Übrigens", sagte nun Margret, „es war ein Aufruf im Fernsehen, daß man den Rasen nicht wässern sollte. Die Trockenheit scheint schlimmer zu werden. Alle Leute in Indiana, Illinois und Ohio leiden darunter."

„Das hat uns noch gefehlt — kein Wasser!"

Das Paar war zum Weggehen aufgestanden, und ich litt innere Qualen.

Bei meinem hohen Fieber hatte ich mich nach einem Schluck Wasser gesehnt, weil aber die Magenpumpe mit dem Schlauch durch meine Nase verbunden war, war mir jegliche Flüssigkeitszufuhr durch den Mund verboten. Statt dessen pflegte eine Schwester von Zeit zu Zeit meine Lippen mit Eisbröckchen anzufeuchten. Die Nachricht von der Wasserknappheit legte sich bedrückend auf mich. Obwohl ich dankbar war, daß sie überhaupt daran gedacht hatten, bei mir hereinzusehen, war ich innerlich ziemlich in Unruhe. Sie hatten mich mit dem Gefühl zurückgelassen, daß mich alle als einen hoffnungslosen Fall abgeschrieben hatten.

Einzig mein Vater war mein einziger Halt während jener ersten kritischen Tage mit hohem Fieber und schwindendem Bewußtsein. In den ersten acht Tagen nahm er sich kaum die Zeit, sich auszuziehen, während er Tag und Nacht bei mir saß.

Neben seinen Gebeten war es vor allem ein Satz von ihm, der mich immer wieder aufrichtete. Vater stand dann gewöhnlich neben meinem Bett, legte seine Hand auf meinen Arm, manchmal auch auf die Stirn, und sagte leise: „Preise den Namen Jesu!"

Die Worte drangen durch den Nebel meines Schmerzes und Fiebers wie rettungverheißende Lichtstrahlen, die eine heilende Wirkung auf meinen Körper ausübten. Ich hatte in meinem Leben Hunderte von Chorälen auf der Orgel gespielt, die den Namen Jesu priesen, aber ich hatte bis zu jenem Augenblick nie die in seinem Namen verborgene Kraft kennengelernt. Es war mir so, als ob sich Jesus selbst durch alle meine Körperzellen ausbreitete, das Gift austilgte, mein Blut reinigte, Muskeln und Sehnen stärkte und den Blutkreislauf unter seinen Schutz stellte.

Wie gern hörte ich deshalb meinen Vater diesen Satz wiederholen: „Preise den Namen Jesu!"

Hans ging während jener Tag ein und aus, und ich spürte seinen Kummer und seine innere Spannung. Er brachte es nicht fertig, still auf einem Stuhl zu sitzen. Mein hilfloser Zustand und meine geschlossenen Augen gingen ihm auf die Nerven.

Wie gern hätte ich ihm gesagt: „Hans, ich habe dich lieb. Schalte einmal ab, nimm einfach meine Hand und sprich mit mir. Ich kann alles verstehen. Ich möchte dabei bloß nicht meine Augen aufmachen. Hab doch keine Angst!"

Sooft Hans zu beten versuchte, kamen seine Worte zögernd, als ob ihm die Bitte, Gott möge mich gesund machen, eine Enttäuschung bereiten könnte. Ich gewahrte diese vorsichtige Art bei Predigern, aber auch bei einfachen Gemeindegliedern. Ihre Gebete lauteten meist ähnlich: „Wir bitten, daß dein Wille an dieser Schwerkranken geschehe."

Ich verstehe voll die Zurückhaltung, die manche an den Tag legen, wenn es darum geht, in rückhaltlosem Glauben zu bitten. Von meinem damaligen Standpunkt einer schwerkranken Frau aus erweckten aber solche abgesicherten Gebete bei mir den Eindruck, als ob Gott ein launischer Vater sei, dem man nicht zutrauen könne, das Richtige für seine Kinder zu tun.

In den ersten Tagen nach der Operation mußte meine Mutter meine sechsjährige Tochter versorgen. Als Mutter dann das erstemal in mein Krankenzimmer kam, betrachtete sie mein grünlich gefärbtes Gesicht, seufzte tief und sackte zu Boden. Eine Krankenschwester wurde herbeigerufen, während Papa sie aufhob, in einen Stuhl setzte und ihr die Handgelenke rieb. Sie kam schnell wieder zu sich, sprach aber während der ganzen Zeit ihres Besuches nur noch im Flüsterton, als ob sie Angst hätte, mich aufzuwecken.

Ich hätte Mutter gern getröstet, etwa so: „Ich weiß ja, daß ich furchtbar aussehe, Mutter, aber ich nehme noch alles wahr, was um mich herum vor sich geht. Deshalb flüstere bitte nicht! Ich möchte hören, was du sagst. Bitte, sei nicht so wehleidig! Erzähle mir doch einfach von Brenda und Gary."

Fast war es, als ob Mutter meine Gedanken erraten hätte. Als sie das nächste Mal in Begleitung ihrer älteren Schwester, meiner Tante Lillian, in mein Krankenzimmer kam, war sie schon viel zuversichtlicher. Während sie einen Rundgang durch das Zimmer machte, um alle Blumen zu betrachten, die mir von Verwandten und Freunden geschickt worden waren, richtete sie diesmal ihre Unterhaltung an mich.

„Wenn du mich vielleicht auch nicht hörst, Betty", sagte Mutter, „so möchte ich dir doch diese Karten mit den Genesungswünschen vorlesen und dir die Blumengebinde beschreiben." Das tat sie dann auch zusammen mit ihrer Schwester.

Danach berichtete Tante Lillian — sie ist Schulleiterin einer Grundschule in Terre Haute — von Brenda. „Brenda kann nicht verstehen, warum sie dich nicht besuchen darf, Betty. Sie sagt, daß sie keine Bazillen hat, die dich anstecken könnten. In der Zwischenzeit ist sie schon einige Male bei ihrem Vater an der Tankstelle gewesen und hat sich nach der Möglichkeit erkundigt, ob sie jedem Wagen, der zum Tanken hält, die Windschutzscheibe waschen darf. Sie sagt, sie will jetzt Geld verdienen, um die Krankenhausrechnung bezahlen zu helfen.

Gary läßt dir sagen, daß er letzten Samstag draußen am See war und gelernt hat, sich auf dem Rücken treiben zu lassen. Er hat Brenda das Radfahren beigebracht. Deine Mutter ist ja so gut zu den beiden, Betty!"

So plauderten sie weiter über Familienangelegenheiten, als ob ich ganz wach und munter wäre. Wie ich das liebte!

Wenn sie zum Weggehen aufstanden und noch etwas an meinem Bett standen, versuchte ich immer, die Augen zu öffnen. Aber das einzige, was ich fertigbrachte, war ein Flattern der Lider. Doch die zwei Frauen hatten es bemerkt und wurden ganz aufgeregt vor Freude. „Ich glaube, Betty weiß genau, daß wir hier sind", sagte Mutter.

Jede von ihnen küßte mich noch zärtlich, bevor sie das Zimmer verließen.

Dieser Besuch hatte mich richtig erfrischt.

Tante Gertrude gehörte ebenfalls zu denen, die genau wußten, wie sie sich zu verhalten hatten, wenn sie mich besuchten. Sie pflegte ohne Zögern an mein Bett zu treten, meine Hand hochzunehmen und sie sanft zu drücken. „Kopf hoch, Betty. Du wirst bald wieder bei deiner Familie sein. Und denke auch noch daran — wir brauchen dich dringend, weil wir niemand haben, der in unserer Kirche die Orgel spielt."

Die Worte, mit denen sie die Aufmunterung zum Ausdruck brachte, waren jeweils verschieden, aber sie waren für mich der Rettungsring, der mir mit dem kräftigen Zuspruch zugeworfen wurde, daß ich bald wieder ins Leben zurückkehren werde. Und allmälich fing ich an, es zu glauben.

Eines Tages hörte ich die festen Schritte eines Mannes, der mein Zimmer betrat, und mein erster Gedanke war, es sei entweder mein Mann oder mein Vater. Die Schritte hielten am Fußende meines Bettes an. Ich hörte, wie die Seiten eines Buches aufgeschlagen wurden. Als er zu lesen anfing, erkannte ich die Stimme von Art Lindsey — dem Mann, der mich mit seinem Radioprogramm aus Kurzpredigten und volkstümlicher Musik so aufgebracht hatte. Sie hob an: „Danket dem Herrn, denn er ist gütig, denn seine Gnade währt ewig!"

Zunächst war ich so befangen, daß ich auf die Worte nicht achtete. „Was will der hier?" fragte ich mich. „Weiß er denn nicht, wie krank ich bin? Es sollen doch nur nahe Verwandte hier hereinkommen."

Die Stimme sprach weiter: „Die irregingen in der Wüste, auf ungebahntem Weg und keine Stadt fanden, wo sie wohnen konnten, hungrig und durstig, daß ihre Seele in ihnen verschmachtete. Da schrieen sie zum Herrn in ihrer Not, und er rettete sie aus ihren Ängsten."

Als er weiterlas, wurde ich ruhiger und lauschte den Worten: „Die Toren, die wegen ihrer Übertretung und um ihrer Missetaten willen geplagt wurden, daß ihre Seele vor aller Nahrung ekelte und sie nahe waren den Pforten des Todes. Da schrieen sie zum Herrn in ihrer Not, und er rettete sie aus ihren Ängsten. Er sandte sein Wort und machte sie gesund und ließ sie ihren Gräbern entrinnen, — die sollen dem Herrn danken für seine Gnade und für seine Wunder an den Menschenkindern, sollen ihm Dankopfer bringen und seine Taten jubelnd erzählen!" (Psalm 107,1.4-6.17-22).

Die Worte endeten wie ein Segen und füllten meine Seele mit Hoffnung. Wie zartfühlend, gütig und dem Herrn hingegeben war dieser Mann! Als er das Zimmer verließ, wußte ich, daß Art Lindsey ein Bote Gottes mit einer guten Nachricht für mich gewesen war. Zugleich aber war mir bewußt, daß Gott Lindsey gebraucht hatte, um sein Werk in mir weiterzuführen, mich zu lehren, zu heilen, zu verändern. Denn innerhalb von Minuten fand ich mich von Liebe erfüllt zu einem Mann, der mir bisher in tiefster Seele zuwider gewesen war.

Und wiederum war es Gottes Wort gewesen, das unmißverständlich zu mir gesprochen hatte. Es war dieser Satz: „Er sandte sein Wort und machte sie gesund." War das Gottes Weg, um mir zu zeigen, daß ich gesund würde? Wie ein in Gang gesetztes Rädchen entstand in meinem Herzen der Glaube, daß ich wieder gesund werden würde.

5

VON GEIST ZU GEIST

Kurz nach der zweiten Operation zur Beseitigung des Darmverschlusses flammte die Infektion in meinem Unterleib von neuem auf. Meine Temperatur stieg wieder auf 40,5 Grad Celsius. Als die Schwester jetzt Schwierigkeiten hatte, die Magenpumpe in mich einzuführen, entdeckte der Arzt einen Abszeß unterhalb der ersten Narbe. Das hieß noch einmal zurück in die Chirurgie zu einer kleineren Korrektur, hieß weitere Blutübertragungen und ständige intravenöse Ernährung.

Eine der Schwestern, die mich während dieser Krankheitsperiode betreute, hieß Mary Barton. Noch in jüngster Zeit hatte ich Verbindung mit Mary, die heute in Tucson, Arizona, wohnt. Sie erinnert sich noch lebhaft an jene schwere Zeit, die wir gemeinsam durchlebten.

Da war einmal das immer bedrohlicher werdende Problem, die geeigneten Venen zu finden, die die Bluttransfusionen und die künstliche Ernährung aushielten. Die Schwestern wählten dafür meine Handgelenke, die beiden Armbeugen, die Fußgelenke und einmal auch meine große Zehe aus, eine äußerst schmerzhafte Angelegenheit.

Während der ersten Tage im Krankenhaus nahm ich von dem, was um mich herum vorging, kaum etwas wahr. Allmählich aber begann ich, zunehmend ein aktives Interesse an den täglichen Routinehandlungen zu nehmen. So bat ich die Schwester ständig um Eisstückchen, um daran zu lutschen.

Als ich Mary Barton einmal fragte, ob ich je wieder richtig essen könnte, erwiderte sie: „Ja; und was würdest du dann am liebsten essen?"

Ich dachte einen Augenblick nach. „Eine Schokoladen-Eiskreme mit Sprudel."

„Wenn die Zeit kommt, will ich zusehen, daß ich sie dir selbst hole", versprach sie mir. Später gestand sie mir, sie sei damals ziemlich überzeugt gewesen, daß sie dieses Versprechen nicht einhalten müßte.

Ein weiteres Problem, das bei der Bekämpfung meiner Infektion auftauchte, bestand darin, genügend geeignetes Blut für die Transfusionen zur Verfügung zu haben. Es herrschte eine ziemliche Knappheit an Blut von meiner Gruppe mit dem Faktor Rhesus-B-negativ. Wiederholt wurden Aufrufe zur Blutspende über den Rundfunk verbreitet, aber das Echo war gering.

Kurz nach dem zweiten chirurgischen Eingriff war die Lage äußerst gespannt. Das Krankenhaus suchte verzweifelt nach Rhesus-B-negativem Blut, um mir die notwendigen Transfusionen zu geben.

Als mein Vater davon hörte, stellte er sich an das Fußende meines Bettes, um die Person mit der Blutgruppe Rhesus-B-negativ „herbeizubeten" und mich mit dem nötigen Blut zu versorgen.

Die Art, wie Gott auf Gebete antwortet, ist oft unbegreiflich. Mein Onkel Jesse, der zu jener Zeit als Bremser bei der Eisenbahn in Pennsylvania arbeitete, war ein lebenssprühender, fröhlicher Mensch, der mich, wie schon erwähnt, als kleines Mädchen bei unseren Familienausflügen wie ein Kartoffelsack in die Luft zu werfen und wieder aufzufangen pflegte. Er begleitete die Güterzüge auf einer Strecke zwischen Terre Haute über Peoria nach St. Louis und zurück im Bremswagen, eine Arbeit, die ihn zum geheimnisvollsten Mann in meinem Leben gemacht hat. Einmal nahm er mich als kleines Mädchen zu einer kurzen Fahrt im Bremserhäuschen mit, von der ich hellauf begeistert war. Bei anderen Gelegenheiten pflegte er uns Windlichter mitzubringen, eine Art Fackel, die die Eisenbahner unterwegs aufsteckten, um entgegenkommende Züge wegen einer Störung oder eines stillstehenden Zuges zu warnen. Wir zündeten dann die Windlichter in unserem Garten an und freuten uns bei Picknicks an ihrem bezaubernden gelbroten Glühen.

Um die Zeit meiner zweiten Operation befand sich Onkel Jesse auf der Rückfahrt von Peoria nach Terre Haute. Später habe ich die ganze Geschichte erfahren. Als Onkel Jesse damals Hals über Kopf in Terre Haute einfuhr, hatte er plötzlich einen inneren Drang, er solle auf dem Heimweg am Krankenhaus halten, um für mich einen halben Liter Blut zu spenden. Mein Onkel hatte keine Ahnung von der kritischen Situation im Union-Krankenhaus wegen des akuten Mangels an Rhesus-B-negativem Blut. Er wußte nicht einmal, welche Blutgruppe er selbst hatte. Sein ganzes Bestreben war nur darauf gerichtet, Hans dabei zu helfen, die Krankenhausrechnungen zu bezahlen.

Es war schon spät am Morgen, und Jesse war rußig und müde von der Schicht auf dem Zug. Eigentlich sei es doch sinnvoller, sagte er sich, erst heimzugehen, zu duschen und auszuruhen und gegen Abend während der Besuchszeit ins Krankenhaus zu gehen. So stieg er in seinen Wagen und machte sich auf den Heimweg.

Onkel Jesse hatte immer geglaubt, daß Gott auf übernatürliche Weise in unser Leben eingreifen kann. Als er daher zum zweitenmal die innere Mahnung verspürte, beim Krankenhaus vorbeizufahren, tat er das nicht einfach ab. Er folgte der inneren Stimme, und so befand er sich plötzlich, entgegen aller logischen und vernünftigen Überlegungen, direkt auf dem Weg vom Güterbahnhof zum Krankenhaus.

Sofort nach seiner Ankunft dort erkundigte sich Jesse nach den Bedingungen für Blutspender und fragte, ob seine Blutentnahme einem Kranken, der Transfusionen benötigte, helfen könnte. Sie sagten, das ließe sich machen, und entnahmen ihm vorerst einige Tropfen Blut, um seine Blutgruppe zu bestimmen.

Gleich darauf eilte eine Schwester ganz aufgeregt aus dem Labor und teilte mit, daß Jesse Rhesus-B-negatives Blut habe, das zu diesem Zeitpunkt ganz dringend benötigt würde.

Die Infusion von Onkel Jesses Blut trug sehr zur Besserung bei. Später schaute er bei mir herein, um mich zu necken: „Bis jetzt bin ich nur dein angeheirateter Onkel gewesen. Von nun an bin ich dein blutsverwandter Onkel."

Als ich diese Krise überstanden hatte, versuchte ich mit allen Kräften, mich wieder auf meine Rolle als Hausfrau und Mutter einzustellen. „Wie geht es Brenda?" fragte ich meine Eltern.

Ihre Versicherung, daß meine Tochter munter sei, stellte mich nicht zufrieden. Meine Mutter beschrieb dann geduldig bis ins einzelne die Plätzchen, die sie und Brenda gebacken hatten, die vier jungen Hunde, die Dusty, ihr Haushund, geworfen hatte, und wie Brenda Dusty half, ihren neuen Nachwuchs im Auge zu behalten.

Mehrmals waren Brenda und Gary ans Telefon geholt worden, damit sie mit mir sprechen konnten. Ich hörte dann von Gary, wie Brenda beim Fischen am See die einzige Angelrute an sich gerissen hatte, und von Brenda, wie sie mit ihrem Papa und Opa zusammen Gary Wasserskifahren beigebracht hatte.

Da die Krankenhausvorschriften Kinder unter vierzehn von Besuchen ausschlossen, nahmen meine Eltern sie am folgenden Nachmittag mit auf den Rasen beim Krankenhaus.

„Du und Omi, ihr bleibt hier auf dem Gras bei den Petunien sitzen“, sagte mein Vater, „und wenn ich in Mamis Zimmer gegangen bin, werde ich euch aus dem Fenster zuwinken. Es liegt im dritten Stockwerk. Ihr zählt dann bis zum vierten Fenster von rechts und haltet Ausschau nach mir.“

„Wird auch Mama aus dem Fenster winken?“ wollte Brenda wissen.

„Heute nicht, aber bald“, vertröstete er sie.

Als er mir dann ankündigte, daß Brenda unten sei, konnte ich kaum mit dem Kopf nicken. „Wird auch einer von euch wirklich dafür sorgen, daß Brenda das Feuerwerk am 4. Juli sieht?“ fragte ich.

Mein Vater erklärte mir nachsichtig, daß heute der 6. Juli sei und Brenda das Feuerwerk zu sehen bekommen habe. Irgendwie war meine Zeitrechnung durcheinander gekommen.

In gewisser Hinsicht machte ich mir um Hans mehr Sorgen als um Brenda.

Mein Mann befolgte ein bestimmtes Ritual, wenn er mich besuchte. Wenn er in mein Zimmer kam, küßte er mich gewöhnlich leicht auf die Stirn oder eine Wange, tätschelte mir den Arm und ging dann unruhig hin und her oder nahm seinen Sitzplatz gegenüber der Tür ein. Ich fühlte, daß er mich in solch einem abgemagerten Zustand mit Schläuchen am ganzen Körper nicht gern sah.

Als er eines Tages wieder in mein Zimmer kam, hielt ich ihm die Hand fest. „Bleibe bitte nahe bei mir, Hans“, flüsterte ich. Dann nahm ich alle Kraft zusammen und erinnerte ihn an das Wunder unserer Tochter Brenda. So saßen wir beide dann in Erinnerung versunken, und unsere Gedanken gingen sieben Jahre zurück.

Wir waren schon vier Jahre verheiratet gewesen und hatten noch keine Kinder. Der ärztliche Untersuchungsbericht war entmutigend gewesen. Wegen eines rheumatischen Fiebers, an dem Hans im Alter von neun Jahren gelitten hatte, und eines späteren Leistenbruchs lag seine Samenentwicklung fast am Nullpunkt des Fruchtbarkeitsgrades.

Mit diesem ärztlichen Urteil hatten wir uns nicht abgefunden. Als bei einer Gelegenheit der Pastor unserer Kirche aufrief, wegen besonderer Gebetsanliegen nach vorn zu kommen, war Hans der erste in der Reihe. Erst viel später hat er mir gebeichtet, er habe um ein Kind gebetet.

Während Hans in der Kirche betete, wandte ich mich mit der gleichen Bitte an Gott.

Eines Morgens war ich gerade in das Buch des Propheten Jesaja vertieft. Plötzlich schienen die folgenden Worte aus dem Text herauszutreten: „Denn ich werde Wasser auf das Durstige gießen und Ströme auf das Dürre; ich werde meinen Geist auf deinen Samen gießen und meinen Segen auf deine Sprößlinge" (Jesaja 44,3)

Was für eine wunderbare Verheißung! Gott wollte seinen Geist und seinen Segen über Hans und mich ausgießen. Es war für mich ein heiliger Augenblick. Plötzlich hatte ich die Gewißheit, daß Gott damit begonnen hatte, mich für die Mutterschaft vorzubereiten.

Sechs Wochen später erzählte ich Hans voller Freude, daß ich schwanger sei.

Er weinte, als er mir seinerseits eröffnete, wie inbrünstig er darum gebetet habe.

Im vierten Monat trat eine Krise ein, und zwar nach einer langen Autofahrt, die wir unternommen hatten, um das Erntedankfest mit Hansens Großeltern zu feiern. Am folgenden Morgen bekam ich eine Blutung und ließ den Arzt holen.

Er untersuchte mich und verordnete strenge Bettruhe, wobei er die Befürchtung äußerte, daß es wahrscheinlich zu spät sei, um das Kind zu retten.

Ich gab es jedoch nicht auf. Bevor Hans und ich an

jenem Abend zu Bett gingen, baten wir Gott inständig, unser Kind zu retten.

Gewöhnlich träume ich selten, aber in jener Nacht sah ich Jesus mit einem winzigen Baby in seinen Armen auf mich zukommen. Ich fing an zu weinen, weil ich glaubte, ich hätte eine Fehlgeburt gehabt und Jesus hätte das Kind mit in den Himmel genommen.

Aber ich hatte mich geirrt: Jesus ging langsam auf mich zu und legte mir das Kind in die Arme. Ich erwachte am nächsten Morgen mit über die Brust gekreuzten Armen, als hätte ich das Baby noch bei mir.

Sechs Monate später, am 21. Juni 1953, wurde Brenda geboren, ein gesundes und in jeder Hinsicht normales Kind. Die Erinnerung daran, wie Gott damals unser ungeborenes Kind bewahrt hatte, beruhigte Hans. Von da an verhielt er sich still im Zimmer und war viel entspannter.

An einem Abend besuchte er mich, nachdem er den ganzen Tag mit Brenda verbracht hatte. Ich war am Schlafen, als er kam, wachte aber auf, als er seine Erlebnisse meinem Vater berichtete.

„Brenda und ich hatten viel Spaß heute", fing er an. „Ich holte sie nach Hause, damit sie ein bißchen mit ihren alten Freunden und mit ihren Spielsachen und in ihrem Sandkasten spielen konnte. Später nahm ich sie mit zur Tankstelle. Sie wollte gern die Wagenscheiben waschen, und ich ließ sie bei Kunden, die ich gut kannte, gewähren. Sie kam ganz gut an. Auf dem Heimweg sagte ich ihr, ich wollte das Abendessen vorbereiten, und fragte sie, was sie sich wünschte. Sandburger, lautete die Antwort, ihr Ausdruck für einen Hamburger Sandwich."

An diesem Thema war ich so sehr interessiert, daß ich meine Augen aufmachte und sie auf meinen Mann zu richten versuchte. Hans hatte in unserer ganzen Ehe noch keine einzige Mahlzeit zubereitet und hätte einen Horror davor gehabt, sich eine Schürze umzubinden. Er hätte nicht einmal gewußt, wo Pfeffer und Salz zu finden gewesen wären, gechweige denn, wie man Fleisch brät und den Herd richtig anstellt. Aber ich sah doch, daß Hans gelöster war und seine Rolle als Geschichtenerzähler offensichtlich auskostete.

„Also hielten Brenda und ich vor dem Einkaufszentrum", erzählte Hans weiter, „schnappten einen Drahtkorb und kauften Lebensmittel ein. Als wir heimkamen, breitete ich alles auf dem Tisch aus — die Hamburger, Tomaten, Salat, Zwiebel und Senf. Jetzt holte ich die Pfanne, öffnete die Packung mit den Hamburgern, machte einen hübschen kleinen „Sandburger" zurecht und legte alles in die Pfanne.

Da zeigte sich mein erster Mißgriff. Ich hatte Schweinebratwurst anstelle der Hamburger erwischt. Auch gut, dachte ich; zugedeckt mit Salat, Tomaten, Zwiebeln und Senf würde das Essen für Brenda nicht von einem echten Hamburger zu unterscheiden sein.

Mein zweiter Irrtum. Als ich das Zellophan um den Salat aufmachte, sah ich, daß es Weißkohl war. Na, wenn schon. Salat und Kohl sind ja fast dasselbe. Also backte ich die Pastete, legte die Wurst zusammen mit allen Zutaten auf den Kohl und servierte sie Brenda.

Armes Kind! Sie nahm einen Bissen, schob den Teller beiseite und sagte: „Papa, ich esse doch Bratensoße so gern. Kannst du mir etwas Bratensoße machen und sie auf ein paar Schnitten Brot streichen? Das wäre prima, Papa!"

Wie ich sah, hatte unsere Kleine noch nicht den Glauben an mich verloren. Ich dachte, eine Bratensoße machen sei eine Kleinigkeit. Bloß noch ein bißchen Mehl zu dem Zeug in die Pfanne geben.

Na ja, ich muß etwas zuviel Mehl genommen haben. Die

Soße wurde furchtbar dick. Brenda versuchte sie und sagte: „Du Papa, jetzt weiß ich es. Wir gehen 'rüber zum Küchenchef vom 'Royal'!"

Das leuchtete mir ein. Aber bevor wir losgingen, wollte ich doch nicht all das gute Zeug und die Soße wegwerfen. Deshalb kippte ich es ins Katzenschälchen. 'Kürbisgesicht' hatte ohnehin die ganze Zeit sehnsüchtig nach uns herübergeschielt, seitdem wir sie für diesen Tag von den Nachbarn geholt hatten.

Nun, 'Kürbisgesicht' nahm ein Maul voll, schüttelte sich und zog ab. So ein undankbares Biest!"

Mein Vater lachte so herzhaft, daß er fast von seinem Stuhl fiel.

Mir schien das Ganze nicht so lustig, aber es war immerhin dafür gut, daß ich sah, wie Hans seinen Sinn für Humor allmählich wieder zurückbekam. Außerdem wurde mir deutlich, wie sehr mich meine Familie brauchte.

Spät in jener Nacht ertappte ich mich beim Träumen. Hans war in der Küche und backte Hamburger, wobei ein entsetzlicher Qualm aus dem Herd kam. Ich war im Bett und konnte mich nicht rühren. Verzweifelt versuchte ich, aus dem Bett zu steigen, aber meine Beine schienen gelähmt. Krampfhaft versuchte ich, Hans zuzurufen, er solle den Herd abstellen, aber ich konnte den Mund nicht aufkriegen. In panischem Schrecken erwachte ich. Mein Krankenzimmer war ganz dunkel, nur ein trüber Lichtschimmer fiel durch die angelehnte Tür. Der Verzweiflung nahe, sehnte ich mich nach der schützenden Gegenwart Jesu, der mich in den schlimmsten Augenblicken der letzten Tage getröstet hatte. „Herr, hilf mir! Wird es denn gar nicht mehr besser mit mir? Nimm mir doch diesen Schmerz!"

Mit einem Male ließ das Pochen in meinem Kopfe nach. Meine lähmende Angst wich. Ich war nicht mehr allein. Der Tröster war wieder bei mir.

Und dann merkte ich, wie er sanft, aber nachdrücklich zu mir redete. „Was hast du heute über deinen Mann erfahren?"

Die Frage stand deutlich vor mir, und ganz sicher habe ich sie nicht aus mir selbst gestellt. Die rührenden Anstrengungen meines Mannes, eine Mahlzeit zu kochen, zeigten mir, wie sehr er mich brauchte.

„Das also hättest du gern, Betty, nicht wahr? Die ganze Familie in vollkommener Abhängigkeit von dir."

Auch dieser Gedanke stammte nicht von mir. Er hatte zwar etwas Beunruhigendes, war aber längst nicht so verwirrend wie der folgende: „Solange Hans und Brenda so stark von dir abhängig sind, brauchen sie mich nicht", mahnte die Stimme.

Jetzt wurde ich hellwach. Dieser Gedanke traf mich bis ins Mark. Stand ich meinem Mann und meiner Tochter in ihrer Verbindung zu Gott im Wege?

Zunächst wollte ich mich gegen diese schmerzlichen Offenbarungen über mich selbst wehren, aber es war ja kein Verdammungsurteil in der Stimme des Heiligen Geistes, nur liebevolle Teilnahme.

Dann schien es, als ob wir beide nebeneinander vor einem Bildschirm säßen und bestimmte Szenen aus meinem Leben vor uns abliefen. Erstes Bild: Meine Eltern, meine jüngeren Brüder und ich fahren in unserem alten Judson an einem heißen Sommertag zur Kirche. Der Wagen hat keine Klimaanlage, doch ich zanke ärgerlich mit meinen vor Hitze verschmachtenden Brüdern, daß die Wagenfenster geschlossen bleiben müßten, sonst würde meine Frisur ruiniert.

Zweites Bild: Unsere Küche kurz nach meiner Heirat mit Hans. Es ist halb sechs in der Frühe. Ich backe gerade Plätzchen, als Hans schlaftrunken erscheint und fragt, warum ich so früh auf sei.

„Deine Mutter soll wissen, daß du eine Frau hast, die

jeden Morgen früh auf den Beinen ist, um dir das Frühstück zu richten."

Drittes Bild: In einem Kaufhaus unserer Stadt verbringe ich Stunden, um für Brenda und mich aufeinander abgestimmte Kleidungsstücke für Mutter und Tochter zu suchen. Dabei erkläre ich dem Verkäufer noch den Grund meines hartnäckigen Suchens: „Es gibt meiner Tochter ein Gefühl der Sicherheit, so angezogen zu sein wie ihre Mutti."

Viertes Bild: Spät am Abend in unserem Schlafzimmer. Ich verleihe dem Zimmer eine romantische Atmosphäre, indem ich ein paar Kerzen anzünde. Dazu versprühe ich noch etwas Parfüm. Hans beobachtet mich vom Bett aus mit gemischten Gefühlen. „Wenn du doch nur einmal auf diesen Klimbim verzichten könntest, einfach in meine Arme kämst und mir sagtest, alles, wonach du dich wirklich sehnst, sei ich allein", erklärte er mir.

Fünftes Bild: Hans und ich unterhalten uns am Abend zu Hause. Er kommt gerade von einem jungen Ehepaar, das so große Eheprobleme hat, daß ihre Seitensprünge stadtbekannt sind.

„Sie suchen wirklich Hilfe", sagt Hans, „und ich hätte sie gern zum Essen eingeladen und sie anschließend mit in unsere Kirche genommen."

Ich weise Hans darauf hin, daß die Nachbarn es seltsam finden könnten, wenn wir uns mit Leuten mit so schlechtem Ruf abgäben. Sie sollten am besten gleich zur Kirche gehen und sich in ihrer Not von meinem Vater helfen lassen.

Alle diese Szenen mögen, oberflächlich betrachtet, durchaus typisch für das Leben einer Familie sein. Als jedoch eine nach der anderen Szene vor mir abrollte, zeigten sie mir die Wahrheit über mich selbst.

Meine Verbissenheit, auf Kosten anderer meine Haarfrisur im Auto zu schonen, war nicht bloß Ausdruck einer starken Ichbezogenheit, es war schon der Anfang eines eigensinnigen, rücksichtslosen Verhaltens.

Mit meinem frühen Aufstehen, um die Plätzchen zu backen, wollte ich keineswegs meinem Mann demonstrieren, wie sehr ich ihn liebte, sondern bei andern den Eindruck erwecken, ich sei eine vorbildliche Ehefrau.

Meine Versessenheit, für Mutter und Tochter aufeinander abgestimmte Kleidungsstücke zu finden, geschah nicht, weil sich Brenda dadurch sicherer fühlte, sondern war lediglich ein Versuch, meine Tochter noch enger an mich zu binden.

Die Zeremonie mit den Kerzen und dem Parfüm hatte ich nicht deshalb eingeleitet, um es mir leichter zu machen, mich ohne Hemmungen meinem Mann hinzugeben. Vielmehr war es eine Ausflucht meinerseits, unser eheliches Verhältnis besser erscheinen zu lassen, als es in Wirklichkeit war, und mir gleichsam Erzählstoff zu liefern, um anderen mit der romantischen Ausgestaltung unserer Ehe zu imponieren.

Die Art und Weise, wie ich das junge Ehepaar abgewiesen hatte, war die schlimmste Szene von allen. Als ich darin meine Selbstgerechtigkeit und Überheblichkeit erkannte, hätte ich am liebsten vor Scham das Gesicht in meinem Kissen vergraben. Wie mußte diese Handlungsweise Gottes Geist betrübt haben! Tränen flossen mir über die Wangen. „Vergib mir, Herr, vergib mir!“

Gottes Geist brauchte mir kein Wort mehr zu sagen, noch versuchte er, meine Erschütterung zu mildern. Ich war durch die Bloßstellung meiner selbstsüchtigen, überheblichen Art zerknirscht. Als mir die Tränen der Reue kamen, schenkte er mir erneut Trost und Zuversicht.

Und dann sah ich Gottes Wort in deutlichen Druckbuchstaben auf der Leinwand erscheinen: „Du sollst keine anderen Götter haben neben mir.“ Das Bild verblaßte. Seine Gegenwart schwand.

Ich erhob mich etwas von meinem Kissen und blickte mich im Krankenzimmer um. Die Klimaanlage im Fenster surrte unverändert. Die Infusionsflasche, die über meinem Kopf hing, gab tropfenweise ihren Inhalt durch den Schlauch in meine Venen. Aus meiner verseuchten Bauchhöhle floß weiterhin das Gift in ein Gefäß unter dem Bett. Äußerlich war alles noch so wie vorher. Innerlich aber war ich verändert.

Ich drückte auf den Notrufknopf, um eine Schwester zu bitten, mir noch ein Stückchen Eis auf meine ausgedörrten Lippen zu legen.

6

HÖHEPUNKT DER KRISE

Die Tage gingen dahin, der Juli war fast vorüber. Sechs Wochen waren nach der ersten Attacke der Blinddarmentzündung vergangen. Noch immer kämpfte ich um mein Leben, noch immer versuchten die Ärzte neue Medikamente, um das Gift aus meinem Blutkreislauf zu entfernen. Viermal hatte ich mich einem chirurgischen Eingriff unterzogen, und mein Gewicht war auf zweiundsiebzig Pfund abgesunken. Hans und meine Eltern waren von dem tagelangen Ausharren am Krankenbett der Erschöpfung nahe.

Später erfuhr ich, daß die eigentliche Zuspitzung der Krise von einer Lungenentzündung verursacht worden war. Was in mir an Widerstandskraft noch übriggeblieben war, wurde von diesem neuen Bakterienansturm aufgezehrt.

Schwester Mary Barton hatte die Schicht von drei bis elf Uhr abends und überwachte sorgfältig die Funktionen meines Körpers. Mein Vater und meine Mutter waren an jenem kritischen Nachmittag beide im Krankenzimmer.

Die Krise trat nachmittags um halb fünf ein. Mary war gekommen, um die medizinischen Apparate eins bis fünf zu überprüfen, weil schon mehrere Male, wenn die Injektionsnadel eingeführt worden war, eine Vene versagt und die Flüssigkeit nicht weitergeleitet hatte. Kleine Blasen hatten sich an einigen Stellen auf meiner Hand gebildet, wo dies vorgekommen war.

Plötzlich griff Mary nach meiner Hand und fühlte mir

den Puls. Doch da war keiner mehr! Entsetzt betrachtete sie die Pupillen meiner Augen. Dann verständigte sie die Intensivstation. Alles, was meine Eltern tun konnten, war hilflos zuzuschauen und zu beten.

Nun jagte ein aufregendes Ereignis das andere, während sowohl der diensthabende Arzt wie auch mehrere Schwestern die Apparate zur Lebenserhaltung bedienten, um mein Herz, den Puls und den Blutdruck wieder in Gang zu bringen.

Als meine Lebenszeichen wieder zurückkehrten und normal erschienen, waren auch Dr. Bherne und Hans herbeigekommen.

Die Anspannung war für meine Mutter zu groß gewesen. Sie wurde ohnmächtig, und eine Schwester kümmerte sich um sie. Dann nahm der Arzt meinen Vater beiseite und teilte ihm mit, daß es nach seiner Schätzung nur noch eine Frage von Stunden sein könnte, bis es endgültig mit mir aus wäre. Er sprach offen aus, daß der Tod für mich wohl die beste Lösung wäre. Er befürchtete nämlich, daß ich schon einen so schweren Hirnschaden davongetragen haben könnte, der noch zu der umfassenden Schädigung der inneren Organe durch den Gewebezerfall hinzukäme, so daß ich niemals wieder ein normales Leben führen könnte.

Niedergeschlagen und erschöpft beschloß Vater, Mutter nach Hause zu fahren, etwas zu schlafen und früh am anderen Morgen zurückzukehren.

Hans, der zusammen mit Brenda diese Nacht bei meinen Eltern bleiben wollte, entschied sich, die Sunoco—Tankstelle früher zu schließen und zusammen mit den Eltern und den Kindern zu Abend zu essen. Von hier ab erfuhr ich die folgenden Ereignisse später von meinen Eltern, hauptsächlich von meinem Vater. Und es ist merkwürdig, wie bestimmte Erlebnisse aus Vaters früherem Leben die gegenwärtige Krise beeinflussen sollten.

Während der 45 Kilometer langen Fahrt zurück in ihre Wohnung in Clay City bestritt Mutter den größten Teil der Unterhaltung. „Ich kann einfach nicht glauben, daß Gott eine siebenundzwanzigjährige, lebensfrohe Frau von ihrem Mann und ihrer Tochter wegnehmen will. Sie wird hier so nötig gebraucht, Glenn. Betty hat doch erst angefangen zu leben!"

„Gott nimmt nicht kaltblütig eine junge Frau von ihrem Mann weg", antwortete mein Vater. „Oft verstehen wir ein schweres Leid nicht gleich, sondern erst später; aber wir wissen, wir können ihm vertrauen, daß er am Ende das Beste für seine Kinder tut."

„Aber Gott kann doch Betty auch gesund machen?"

„Dann wollen wir weiterbeten, daß er es tut."

Nach wenigen Minuten kehrte Mutters Verzagtheit zurück. „Wo soll Betty begraben werden? Meinst du, Hans werde sie in unserer Familiengruft begraben lassen? Oder wird er eine eigene Grabstätte haben wollen?"

Wiederum versuchte mein Vater, Mutter zu beruhigen.

Auf dem letzten Stück der Heimfahrt waren beide schweigsam.

Als mein Vater in sein Arbeitszimmer kam, war sein erster Gedanke, Zuflucht zur Bibel zu nehmen. Da bemerkte er auf seinem Schreibtisch fünf Postkarten, hübsch zu einer Reihe geordnet — fünf Grüße zum Vatertag, die er Wochen vorher von seinen Kindern bekommen hatte, seinen vier Söhnen und seiner Tochter. Und so las er noch einmal die Worte, die ich geschrieben hatte.

„Lieber Papa! Alles Gute zum Vatertag von mir. Du bist mir mehr als bloß ein Vater gewesen. Du warst mir zugleich Seelsorger und Lehrer. Aber das habe ich erst begriffen, als ich selbst Mutter wurde. Du hast mir in vielem Jesus nahegebracht. Nicht nur, daß Du auch der Sohn eines Zimmermanns bist und gelernt hast, mit Hobel und Säge umzugehen — Du bist in doppeltem Sinne am Bau der Gemeinde Jesu beteiligt — sowohl praktisch wie auch geistlich.

Es gibt viele Männer, die Kinder zeugen, aber deswegen noch lange keine Väter sind. Und es gibt Mütter, die bloß Kinder zur Welt bringen. Du jedoch und Mutter, Ihr habt mich aufgezogen, mich zu Gott gebracht. In Euch ist mir zuerst die Gemeinde Jesu begegnet. Ihr wart meine erste Universität. Es grüßt Dich Deine garstige und einzige Tochter Betty."

Unter Tänen hat mir mein Vater später erzählt, wie er danach eine ganze Zeit still dagesessen und um Stärkung seines Glaubens dafür gebetet habe, daß seine einzige Tochter wieder gesund würde.

Dabei erinnerte er sich an eine ähnlich schwere Zeit, die Jahre zurück lag, als er noch nicht gläubig war. Mein Vater war damals zweiundzwanzig Jahre alt, jung verheiratet und brachte als Mechaniker in einer Glasfabrik kaum das nötige Geld für den Lebensunterhalt zusammen. Seine junge Frau erkrankte schwer an einer Harnsäurevergiftung. Ihre Fingernägel hatten sich schon blaurot verfärbt. Der Arzt hatte sie in Eis gepackt, um das Fieber zu senken. Er war überzeugt, daß eine Operation ihr nur eine Überlebenschance von fünfzig zu fünfzig böte.

Eine Gruppe von Mutters Freundinnen aus der Gemeinde kam mit dem Pastor bei ihr zum Beten zusammen. Sie waren so laut und engagiert, daß sich Vater aus dem Staub machte und in den Wald lief. Als er nach Stunden zurückkehrte, stand seine Frau mitten im Zimmer, sang und lobte Gott. Sie war geheilt worden.

Nach diesem Erlebnis eines wunderwirkenden Gottes fing Glenn Perkins an, die Bibel zu lesen und regelmäßig die Gottesdienste zu besuchen. Eines Abends las er das zweite Kapitel der Apostelgeschichte.

„Auf einmal fing die schwarze Bibel in meinen Händen

an zu glühen“, berichtete er uns später. „Sie schien zu brennen. Dann bebte das Haus, vor allem das obere Zimmer, wo ich war. Ich rief hinunter zu meiner Frau: ‚Bete für mich! Irgend etwas stimmt nicht!‘ Ich wußte nicht mehr, was ich machen sollte. Ich dachte, ich würde es nicht überleben.“

Beim nächsten Gottesdienst ging mein Vater nach vorn und nahm Jesus Christus als Heiland und Herrn in sein Leben auf. Damals war ich gerade sechs Monate alt.

Vater nahm darauf in seiner Freizeit an einem Bibelkorrespondenzkurs teil, während er tagsüber seinen Lebensunterhalt als Zimmermann bestritt.

Im Herbst wurde mein Vater sehr beeindruckt von einem Gastprediger namens Kenneth Wilkerson, der eine neue Gemeinde in dem nahegelegenen Attica in Indiana ins Leben gerufen hatte. Wilkersons Gemeinde versammelte sich in einem Raum über einem Lebensmittelgeschäft. Vater wurde als Zimmermann von Pastor Wilkerson für den Bau einer neuen Kirche angestellt, wobei noch freiwillige Helfer aus der Gemeinde zur Verfügung standen.

Es war ein strenger Winter, die Freiwilligen kamen spärlich, und Kenneth Wilkerson und mein Vater mußten den größten Teil des Baues allein bewältigen. Es war so kalt und das Geld so knapp, daß Vater häufig von einer Futtermaismühle die leeren Kolben in Säcke packte und in einem runden, gußeisernen Ofen verbrannte, um es während der Arbeit etwas warm zu haben.

Als der Kirchenbau vollendet war, blieb mein Vater noch dort, um Kenneth Wilkerson beim Unterrichten, Chorleiten und in der Seelsorge zu helfen.

Obwohl mein Vater während der Weltwirtschaftskrise in den dreißiger Jahren kaum für den Lebensunterhalt seiner Familie aufkommen konnte, brachte er es nicht fertig, dem Ruf Gottes zu widerstreben.

Während er an jenem Sommerabend des Jahres 1959 an seinem Schreibtisch für mich betete und starke Anfechtungen verspürte, erinnerte er sich an eine weitere Begebenheit, bei der Gott ihn in besonderer Weise gebraucht hatte. Sie spielte sich mitten in einer schneeverwehten Winternacht jener frühen dreißiger Jahre ab. Vater erwachte plötzlich aus dem Schlaf. Ein vergeblicher Versuch, einfach wieder einzuschlafen, machte ihm klar, daß Gott ihn geweckt hatte, damit er etwas für ihn tun sollte. Mutter schlief ganz unbekümmert neben ihm, und alles im Haus schien in Ordnung zu sein. Plötzlich erhielt er eine klare, unmißverständliche Anweisung. Ihm wurde deutlich aufgetragen, in das Geschäftsviertel von Terre Haute zu gehen. Irgend jemand dort brauchte dringend Hilfe. Es war zu der Zeit, als Indiana von der Wirtschaftsflaute schwer getroffen war.

Am Anfang zweifelte Vater noch, ob er richtig gehört habe. Mußte er sich nicht närrisch vorkommen, sich mitten in der Nacht anzuziehen und in die Stadt zu gehen? Was, wenn er nichts anderes vorfand als verschneite, verlassene Straßen? Er kniete vor seinem Bett nieder und bat um Klarheit darüber, was er glaubte gehört zu haben.

Da spürte er unmittelbar die Gegenwart Gottes, und die Verse eines Liedes fielen ihm ein: „Rette die Verlorenen, stehe den Sterbenden bei..."

Mutter war wach geworden. Er erklärte ihr, was geschehen war, zog sich an, packte seine Sachen zusammen und machte sich auf den Weg zur Stadt.

Während er munter ausschritt, um sich warm zu halten, überlegte er, was er wohl tun würde, wenn nun mehrere Leute auf der Straße wären. Wie könnte er die Person herausfinden, zu deren Hilfe er geschickt war? Er kam zu dem Schluß, daß er Gott schon zutrauen könne, auch die Einzelheiten zu regeln, wenn er ihn überhaupt zu einem Auftrag wie diesem gerufen hatte.

Als er in die Hauptstraße gelangte, war dort nur eine Person zu sehen, ein Mann, der sich mit gesenktem Kopf an einen Laternenpfahl lehnte.

Mit einem Gebet, in dem er Gott um Schutz und Führung bat, ging Vater auf den Fremden zu. „Kann ich Ihnen irgendwie helfen?"

Der Mann muß Güte und Mitleid in Vaters Gesicht gelesen haben. Dann brach es aus ihm heraus: „Meine Frau und ich haben uns gestritten, weil ich den Lebensunterhalt für die Familie nicht zusammenkriege. Ich habe es so oft versucht, aber ich kann keine Arbeit finden. Ich bin zu nichts nütze. So stehe ich jetzt vor der Frage, ob ich mich vor den Güterzug morgen früh werfen oder mich mit dem Revolver hier in meiner Tasche erschießen soll. Schluß machen werde ich auf jeden Fall." Er holte tief Atem, seine Augen forschten in Vaters Gesicht. „Sagen Sie, was würden Sie machen, wenn Sie an meiner Stelle wären?"

Ohne Zögern kam die Antwort: „An Ihrer Stelle, mein Herr, würde ich mein Leben dem allmächtigen Gott anvertrauen, der mich liebt und der versprochen hat, mich in allen Stücken zu versorgen."

Die beiden sprachen noch eine ganze Weile sehr ernst miteinander, knieten dann auf dem schneebedeckten Gehsteig nieder, und der verzweifelte Mann übergab sein Leben Jesus.

Darauf ging er heim zu seiner Familie und fing ein neues Leben an.

Vater urteilte später darüber: „Ich habe selten eine solche Freude empfunden wie in jenem Augenblick. Mir war es, als ob der ganze Himmel Hosianna riefe. Dabei habe ich etwas von der großen Freude des Herrn erlebt, wenn wir ihm in großer Not erlauben, uns zu retten und zu befreien."

Bald nach diesem Erlebnis trat mein Vater in den

vollzeitlichen Verkündigungsdienst, übernahm eine Gemeinde und wurde ein liebevoller, geduldiger, mitfühlender Pastor, den seine Gemeinde liebte und verehrte.

Als Hans am Abend bei ihnen eintraf, versammelten sich Vater und Mutter mit Gary und Brenda. Die fünf nahmen gegen acht Uhr schweigsam das Abendessen ein. Die Kinder stellten Fragen, die niemand beantworten wollte. Was sollte man auch sagen? Ein jeder war abgespannt vor Müdigkeit und Niedergeschlagenheit.

Vor allem das Schweigen seines Schwiegersohnes und sein flackernder Blick beunruhigten Vater, wie er später erzählte.

Dann forderte Vater alle auf, sich rund um den Tisch an der Hand zu fassen, und betete: „Herr Jesus, wir lieben dich und preisen dich für all das Gute, das du uns bisher in unserem Leben gegeben hast. Wir danken dir auch für Betty, daß du sie uns die ganzen Jahre über anvertraut hast. Wir geben sie dir nun wieder zurück, weil wir wissen, wie sehr du sie liebst. Sei ihr jetzt nahe, Herr, während sie um ihr Leben kämpft. Heile ihren Körper, hülle ihren Geist ein in deinen Frieden, mache ihre Seele gesund. Vergib uns unseren Mangel an Glauben und unsere Schwachheit. Herr, wir möchten dir dienen. Amen."

Um halb vier in der Nacht wachte Vater plötzlich auf. Ein Blick auf die Uhr zeigte ihm, daß es noch zu früh zum Aufstehen war. Aber als er versuchte, die Augen wieder zu schließen, empfand er dasselbe innere Drängen, das er Jahre zuvor in jener Nacht zu der Zeit der großen Wirtschaftsflaute gehabt hatte. Gott sagte ihm, er solle aufstehen und gleich zum Krankenhaus fahren. Betty brauche ihn.

So erhob sich mein Vater, rasierte sich, zog sich an und nahm ein Toastbrot und eine Tasse Kaffee zu sich. Dann weckte er Hans. Als er leise aus dem Haus ging, war es halb fünf. Er fuhr die Autobahn von Clay City direkt nach

Terre Haute. Er brauchte dazu vierzig Minuten.

Hans fuhr wenige Minuten später zu seiner Tankstelle.

Kurz nachdem mein Vater abgefahren war, läutete das Telefon. Mutter wachte mit einem Ruck auf und nahm zitternd den Hörer ab. Die Stimme am anderen Ende stellte sich als die Nachtschwester des dritten Stockes im Union-Krankenhaus vor.

„Frau Perkins, es tut mir leid, Sie um diese Zeit anzurufen, aber ich habe eine schlimme Nachricht für Sie. Ihre Tochter Betty ist vor wenigen Minuten verschieden. Wir können ihren Mann nicht erreichen. Wollen Sie ihn bitte ausfindig machen und ihn bitten, sobald wie möglich in das Krankenhaus zu kommen, um die nötigen Anordnungen zu treffen? Wenn Herr Upchurch nicht zu erreichen ist, wollen Sie dann Ihren Mann bitten, so rasch wie möglich herzukommen?"

Mutter nahm sich, so gut es ging, zusammen. „Mein Mann ist schon auf dem Weg zum Krankenhaus. Fangen Sie ihn bitte ab, bevor er in Bettys Zimmer geht. Der Schock wäre zu groß für ihn, unvorbereitet die Leiche seiner — seiner Tochter zu sehen."

Die Schwester versprach, nach Vater Ausschau zu halten, und hängte ein. Mutter lag in ihren Kissen und schluchzte.

Hier ist Vaters eigener Bericht von dem, was sich abspielte, als er ins Krankenhaus kam: „Es war noch dunkel, als ich meinen Wagen hinter dem Krankenhaus parkte, etwa ein Viertel nach fünf. Die ersten schwachen Lichtstrahlen waren am Himmel zu sehen, als ich durch den Eingang für Schwestern ging, weil das ein sehr viel kürzerer Weg zu Bettys Zimmer war. Von der Eingangshalle aus sah ich die schwarze Hilfsschwester Bettys Zimmer verlassen und die Tür schließen. Das war ungewöhnlich. Die Tür hatte vorher immer offengestanden.

Ich klopfte leise an Bettys Tür. Keine Antwort. Da machte ich die Tür auf und ging hinein.

Das Zimmer erschien sehr dunkel und still, ja leer. Als sich meine Augen an die Dämmerung gewöhnt hatten, bemerkte ich als erstes, daß kein einziger Apparat mehr da war. Erschrocken suchten meine Augen Bettys Bett.

Ein weißes Leintuch hatte man über Bettys Kopf gelegt.

Langsam führten diese Beobachtungen zu einer schrecklichen Schlußfolgerung: Betty war tot! Minutenlang stand ich da in einer frostigen Stille, bis endlich ein Gefühl des Schmerzes in mir aufbrach.

Und dann konzentrierte sich alles, was ich empfand, in einem einzigen Wort, das ich mehrmals mit Inbrunst aussprach: ‚Jesus, Jesus, Jesus!' Es enthielt eine Bitte, ein Stöhnen und ein Gebet. Es war auch das einzige Wort, das in einem Augenblick so entsetzlichen Schmerzes überhaupt noch einen Sinn für mich hatte.

Ich weiß nicht mehr, wie lange ich da am Bett gestanden habe. Ich kann mich nur noch erinnern, daß es im Zimmer hell wurde, als die Sonne durch die Vorhänge fiel.

Plötzlich wurden meine Augen von etwas gefesselt. Sah ich da nicht eine ganz leichte Bewegung an dem Tuch, unter dem Betty lag?“

7

DIE KÜNFTIGE STADT

Meine Erinnerung an die Krise jenes Spätnachmittags und dem Rest des Tages ist verwischt. Dunkel erinnere ich mich an einen Raum voller Menschen, während ich in ein Koma versank und daraus wieder auftauchte. Undeutlich nahm ich wahr, daß meine Eltern als erste mein Krankenzimmer verließen, Hans kurze Zeit später, daß mich Schwester Mary besonders sorgsam betreute, bis sie ihren Dienst beendete, und sich eine Hilfsschwester die ganze Nacht über innerhalb und außerhalb meines Zimmers zu schaffen machte. Es muß gegen fünf Uhr morgens gewesen sein, als meine Körperfunktionen offensichtlich aussetzten, wie es auch schon einige Male vorher der Fall gewesen war. Nur war diesmal niemand zur Stelle, um sofort die nötigen Apparate anzufordern.

Der Übergang war heiter und friedevoll. Ich stieg einen lieblichen grünen Hügel hinauf. Er war steil, dennoch verursachte die Bewegung meinen Beinen keinerlei Anstrengung. Eine freudige Erregung durchflutete meinen ganzen Körper. Trotz dreier tiefer Operationsnarben in meinem Körper ging ich aufrecht und ohne Schmerzen. Ich sah an mir hinunter. Anscheinend war ich barfuß, aber meine ganze äußere Gestalt war verschwommen und farblos. Dennoch ging ich richtig auf Gras, und zwar auf dem saftigsten Grün, das ich je gesehen hatte. Ich konnte die einzelnen Grashalme unterscheiden. Sie waren etwa zwei bis drei Zentimeter lang, bewegten sich leicht und bildeten einen grünen, lebenden Samtteppich. So wie ich mit den Fußsohlen das Gras berührte, ging bei jedem Schritt, den ich tat, davon etwas Lebendiges in meinen Körper über.

„Kann so der Tod sein?“ fragte ich mich verwundert. Wenn das zutraf, hatte ich gewiß nichts zu befürchten. Da war gar keine Dunkelheit oder Ungewißheit, lediglich eine Veränderung des Ortes und zugleich ein Gefühl vollkommenen Wohlbefindens. Um mich herum war herrlicher, tiefblauer Himmel. Ich schaute mich um; da war weder Straße noch Weg. Und doch schien ich den Weg zu wissen.

Jetzt bemerkte ich erst, daß ich nicht allein war. Seitlich hinter mir schritt eine männliche Gestalt in einem langen Gewand. Ich wollte gern wissen, ob er ein Engel war, und suchte herauszufinden, ob er Flügel hätte. Aber er war mir zugewandt, und so konnte ich seinen Rücken nicht sehen. Ich hatte jedoch das Gefühl, daß er überall hingehen konnte, wohin er wollte, und zwar ganz unvermittelt.

Wir sprachen nicht miteinander. Irgendwie schien das auch nicht notwendig zu sein, gingen wir doch beide in derselben Richtung. Dabei stellte ich fest, daß er für mich kein Fremder war. Er schien mich zu kennen, und ich empfand eine merkwürdige Verwandtschaft, die mich zu ihm hinzog. Wo waren wir uns schon einmal begegnet? Oder hatten wir uns schon immer gekannt? Es schien so. Doch wohin gingen wir jetzt?

Während wir gemeinsam weitergingen, fiel mir auf, daß keine Sonne zu sehen war — und doch war überall Licht. Links sah ich die herrlichsten Blumen, die in allen Farben blühten, dazu Bäume und Büsche. Rechts begleitete uns jetzt eine niedrige Mauer.

Jahre zuvor hatte ich einmal die Höhe des Loganpasses im Gletscher-Nationalpark in Kanada erstiegen und die reine, klare Luft inmitten der schneebedeckten Gipfel geatmet. Selbst im Schnee blühten dort noch kleine

Blumen. Damals taten mir die Beine weh, und ich war müde vom Aufstieg.

Dieser Aufstieg aber war ganz anders. Die Beine wurden nicht müde, und ich empfand überhaupt keine besondere Temperatur. Schnee gab es nicht, obgleich ich in großer Höhe zu sein schien. Es war, als ob es keine Jahreszeiten mehr gäbe, doch hatte ich den Eindruck, es sei Frühling oder Frühsommer.

Eine Vielfalt von Gefühlen erfüllte mich: jugendliche Beschwingtheit, Heiterkeit, Zufriedenheit, Unbeschwertheit, Gesundheit, Gelassenheit. Ich hatte das Gefühl, alles zu haben, was ich jemals gewollt hatte. Ich war all das, was ich immer zu sein erstrebt hatte. Endlich war ich dort angelangt, wonach ich mich immer gesehnt hatte.

Die Mauer zu meiner Rechten war jetzt höher. Sie bestand aus vielfarbenen mehrschichtigen Steinen. Von der anderen Seite der Mauer fiel Licht durch eine Reihe von bernsteinartigen Edelsteinen, die sich einen Meter oberhalb meines Kopfes hinzog. „Topas", ging es mir durch den Kopf, „der Geburtstagsstein des November." Daran erinnerte ich mich aus meiner Zeit in Edwards Juwelierladen in New Castle in Indiana noch vor meiner Ehe mit Hans. Der 6. November ist mein Geburtstag.*

Als wir eben den Gipfel erklommen hatten, hörte ich meinen Vater „Jesus, Jesus, Jesus" rufen. Seine Stimme war weit weg. Zuerst wollte ich mich umwenden, um ihn zu sehen. Ich tat es aber nicht, weil ich genau wußte, daß mein Ziel vor mir lag. So gingen wir still weiter, begleitet nur von

*Bemerkung des Herausgebers: Betty sollte später entdecken, daß das 21. Kapitel der Offenbarung (Verse 17—20) die himmlische Stadt beschreibt, deren Mauern aus kostbaren Steinen erbaut sind. Die unterste Schicht besteht aus Jaspis, die zweite aus Saphir, die neunte aus Topas. Wenn jede Schicht etwa dreißig Zentimeter hoch war, würde sich die Topasschicht einen Meter über Bettys Kopf ergeben.

dem Flüstern des sanften Windes, der das weiße flutende Gewand des Engels kräuselte.

Schließlich kamen wir an ein großartiges, silbernes Gebäude. Es war wie ein Palast, jedoch ohne Türme. Als wir darauf zugingen, drangen verschiedene Stimmen heraus. Sie waren melodisch und harmonisch verbunden in einem Chor, und ich hörte den Namen Jesus heraus. Sie sangen in mehr als vier Stimmen. Aber ich hörte nicht nur das Singen, ich sang auch selbst mit.

Ich hatte immer einen mädchenhaften Körper, aber eine tiefe, knabenhafte Stimme. Mit einem Male entdeckte ich, daß ich jetzt sang, wie ich es mir immer gewünscht hatte: in hohen, reinen, weichen Tönen.

Nach einer Weile wurde die Musik gedämpfter, und ich hörte einen kräftigen Tenor mit ganzer Kraft und Fülle die Worte des Liedes „Ich bin ja von neuem geboren" anstimmen:

„Singen will ich, ja laut hinaus
es rufen, wo ich auch geh;
hören soll es die ganze Welt;
alle, alle sollen sie erfahren
die große Freude der Errettung.
Denn ich bin ja von neuem geboren."

Nach kurzer Pause stimmten die verborgenen Stimmen ein neues Lied an. Die Stimmen ertönten nicht nur im vielstimmigen Chor, sondern auch in verschiedenen Sprachen. Ich war von dem Reichtum und dem Wohlklang der Worte überwältigt und konnte sie sogar verstehen. Ich konnte mir nicht erklären, wie das alles zuging; ich war einfach selbst ein Teil eines universalen Geschehens.

Während der Engel und ich weitergingen, war mir, als könnten wir überall hingehen, wohin wir unseren Willen richteten, und würden dort zugleich sein.

Verständigung zwischen uns bestand durch Gedankenübertragung. Auch die Worte, die in ganz verschiedenen Sprachen gesungen wurden, waren mir verständlich, obwohl ich den Vorgang nicht durchschaute. Wir alle schienen auf eine universale Wellenlänge abgestimmt zu sein.

Ich dachte, ich würde niemals die Melodie und die Worte des Gesangs vergessen. Aber später konnte ich mir nur noch zwei davon ins Gedächtnis zurückrufen: „Jesus" und „erlöst".

Der Engel schritt weiter voran und legte seine Hand auf ein Tor, das ich vorher nicht bemerkt hatte. Es war wohl vier Meter hoch, bestand aus einer soliden Platte aus lauter Perlen, hatte keine Griffe, und seine gotische Form war von reizenden Arabesken überwölbt. Die Perlen waren durchscheinend, so daß ich beinahe, aber nicht ganz hindurchschauen konnte. Doch wurde die Atmosphäre von drinnen irgendwie hindurchgefiltert. Mein ganzes Empfinden war geprägt von Freude und gespannter Erwartung bei dem Gedanken hineinzugehen.

Als der Engel vorausschritt und mit der Hand gegen das Tor drückte, zeigte sich eine Öffnung in der Mitte der Perlenplatte, die sich langsam erweiterte und vertiefte, als ob sich das durchsichtige Material auflöste.

Drinnen sah ich etwas, was einer Straße von goldener Tönung mit einem Überzug von Glas oder Wasser ähnlich zu sein schien. Das gelbe Licht, das davon ausging, blendete. Im Grunde kann ich es nicht beschreiben. Ich sah zwar keine Gestalt, aber ich hatte die Gewißheit, daß dort eine Person war. Auf einmal wußte ich: Das Licht war Jesus! Das war die Person.

Ich brauchte mich nicht zu bewegen. Das Licht hüllte mich ganz ein. Es schien mir auch eine gewisse Wärme darin zu sein, so als ob ich im Sonnenlicht stünde; mein Körper fing an zu leuchten. Jeder Teil von mir absorbierte das Licht. Ich fühlte mich wie gebadet in den Strahlen einer mächtigen, durchdringenden, liebenden Kraft.

Der Engel nahm meine Gedanken auf: „Möchtest du hineingehen und bei ihnen sein?“

Mit allen Fasern meines Seins verlangte ich danach hineinzugehen, und doch zögerte ich. Gab es denn überhaupt noch eine Wahl? Da erinnerte ich mich wieder an die Stimme meines Vaters. Vielleicht sollte ich ihn doch suchen.

„Ich möchte gern noch hier bleiben und weitersingen, dann aber wieder zurück gehen und den Hügel hinabsteigen“, antwortete ich schließlich.

Ich wollte noch etwas sagen, aber es war schon zu spät.Die Tore schmolzen wieder zu einer Perlenplatte, und wir gingen denselben anmutigen Hügel wieder hinunter. Diesmal war die Edelsteinmauer zu meiner Linken, und der Engel schritt zu meiner Rechten.

Da sah ich auf einmal die Sonne über der Mauer aufgehen. Das überraschte mich, da es schon vorher sehr hell gewesen war und es doch keine zeitliche Veränderung zu geben schien. Es war ein lieblicher Sonnenaufgang. Der Topas und die anderen Steine erglühten von dem Glanz. Und ich erinnere mich, wie ich auf einmal bemerkte, daß die Mauer einen tiefen Schatten auf mich warf.

Wie ich so den Hügel hinabstieg, entdeckte ich plötzlich Terre Haute, als ob sich die Welten des Geistes, der Zeit und des Raumes wieder herauskristallisierten. Vor mir leuchteten die Kirchturmspitzen in der Morgensonne. Irgendwie vermochte ich alles auf einmal zu erfassen. Ich sah Baumwipfel und schließlich das Krankenhaus. Meine Augen drangen durch die Mauern des Krankenhauses wie Laserstrahlen, bis hinunter zum Flur des dritten Stockes und in das Zimmer 336. Da sah ich eine Gestalt auf dem Bett, über die ein Leinentuch gezogen war.

Ich war am Ende meines Abstiegs und hielt inne. Die

Sonnenstrahlen waren noch in meinen Augen. In dem Lichtschimmer waren Staubteilchen, die sich plötzlich zu fingergroßen, wogenden Buchstaben verwandelten und wie elektronische Schriftzeichen vor mir aufleuchteten. Die Buchstaben schienen aus durchsichtigem, flüssigem Elfenbein zu bestehen und bewegten sich durch die Sonnenstrahlen hindurch.

Nun war ich wieder zurück in meinem Krankenbett, und die Buchstaben erstreckten sich vom Fenster aus an meinem Bett vorbei bis weit ins Zimmer hinein. Sie lauteten: „Ich bin die Auferstehung und das Leben. Wer an mich glaubt, wird leben, auch wenn er stirbt." Die Worte waren so voller Leben, daß sie richtig pulsierten.

Da wurde mir klar, daß ich diese Worte des Lebens anrühren mußte. Ich griff mit meinen Händen nach oben und schob dabei das Leintuch von meinem Gesicht weg.

In diesem Augenblick wurde mir Gottes Wort buchstäblich zum Leben: Die Wärme in den wogenden Buchstaben floß in meine Finger und Arme. Ich setzte mich im Bett auf. Mein Vater starrte mich entsetzt an. Ich bemerkte ihn nur flüchtig. Immer noch hielt ich Ausschau nach dem überirdischen Licht in meinem Zimmer und wollte seine Quelle ausfindig machen. So wanderten meine Augen zum Fenster.

Draußen war ein prächtiger Anblick — das grüne Gras auf dem Rasen des Krankenhauses. Vorher war ich viel zu krank gewesen, um es wahrzunehmen, war jahrelang zu beschäftigt gewesen, um zu sehen, wie herrlich grünes Gras sein kann.

Dann bot sich mir noch ein anderer Anblick draußen. Ein Schwarzer kam vorbei. Auf seinen Schultern trug er einen Kasten Limonade. Ich hatte mich vorher nie um Schwarze gekümmert. Doch jetzt fühlte ich eine große Liebe zu diesem Menschen. Gott setzte sein Werk der Heilung in mir fort.

Schließlich ruhte mein Blick auf meinem Vater, der unverändert an meinem Bett stand. Er war noch immer wie betäubt, zu überwältigt, um seiner Bestürzung Luft machen, geschweige denn, mich an sich drücken oder Freudentränen vergießen zu können. Er stand da wie angewurzelt, sprachlos vor Ehrfurcht vor der Majestät Gottes, der ein Wunder getan hatte.

8

MEINE VERWANDELTE WELT

Ich versuchte, Vater von meinem Erleben auf der anderen Seite des Daseins zu berichten, doch ich hatte den Eindruck, er hörte mich gar nicht. Er lächelte mich nur an, drückte mir die Hand, wobei ihm die Tränen über die Wangen rollten. Seine Augen schienen mich verschlingen zu wollen.

Als die junge Hilfsschwester ins Zimmer hereinplatzte und mich aufrecht im Bett sitzen sah, schrie sie entsetzt: „Madame, Sie sind ein Geist!" Ihr schwarzes Gesicht wurde aschgrau.

Ich reichte ihr die Hand, selbst überrascht von der Wärme des Gefühls in mir, das mich drängte, sie an mich zu drücken und zu beruhigen. „Sag der Stationsschwester, ich bin nicht nur am Leben, sondern ich fühle mich ausgezeichnet!"

Das Mädchen jagte davon, und bald danach rollte die Oberschwester mit Zeichen des Entsetzens im Gesicht die Apparate, die schon entfernt worden waren, wieder ins Zimmer zurück.

Hans, der gerade auf der Station angekommen war, begrüßte ich mit jubelnder Freude.

Die Schwestern wollten mir die Schläuche wieder einführen, aber ich wehrte ab. „Ich bin überzeugt, daß ich sie nicht mehr brauche. Aber hungrig bin ich. Sagt doch bitte Dr. Bherne, daß ich etwas Handfestes essen möchte!" Dann nahm ich den Hörer meines Zimmertelefons ab und rief meine betagte Großmutter an. Sie war über achtzig, eine vornehme, etwas altmodische Dienerin des Herrn.

„Guten Tag, Mutter Perky, hier ist Betty! Glaubst du an Wunder? Ich sitze hier aufrecht im Bett und fühle mich famos."

Die Gute, wie war sie so verwirrt. Sie war längere Zeit krank gewesen, und Mutter hatte sie erst kurz zuvor angerufen, um ihr mitzuteilen, ich sei gestorben. Deshalb dachte sie in dem Augenblick, wir seien beide im Himmel und sprächen miteinander durchs Telefon.

Hans war so bewegt, daß er nicht wußte, was er machen sollte. Er stand neben Vater, starrte mich an und versuchte, die Reise zu begreifen, die ich hinter mir hatte. Immer wieder streckte er die Hand nach mir aus, legte sie mir vorsichtig auf die Schulter, das Knie, auf den Arm oder an die Seite, um zu prüfen, ob ich wirklich aus Fleisch und Blut wäre. Gewiß war nicht viel von mir übrig geblieben — gerade noch ein abgemagertes, gelb-grünes Gesicht und ein abgezehrter, aus Haut und Knochen bestehender Körper von ganzen 72 Pfund. Aber ich fühlte mich voller Leben!

Dr. Bherne war der nächste, der eintraf. Wahrscheinlich werde ich nie etwas von dem Gespräch erfahren, das zwischen ihm und der Stationsschwester stattgefunden hatte, bevor er zu mir ins Zimmer trat. Er blickte mich lange besorgt an und beachtete kaum mein aufgeregtes Geplapper. Dann führte er eine sorgfältige Untersuchung durch. Ich bemerkte ein leises Zittern in seiner Hand, als er das Hörrohr ansetzte. Am Ende hob er den Kopf zu einem verhaltenen Lächeln.

„Es geht Ihnen in der Tat viel besser", sagte er.

„Gott hat mich gesund gemacht", erklärte ich ihm. „Ich bin vor etwa einer Stunde gestorben. Ich bin ihm drüben begegnet, und er hat mich zurückkehren lassen. Es war eine unglaublich herrliche Erfahrung!"

Der Doktor blickte mich etwas gequält an. „Es gibt

Dinge zwischen Himmel und Erde, die wir nicht erklären können. Was es auch gewesen ist — Sie scheinen große Fortschritte gemacht zu haben."

„Wie erklären Sie sich denn meine plötzliche Genesung?"

Er lächelte. „Ich glaube nur an das, was ich erklären kann."

Ein paar Verwandte erschienen jetzt, und der Arzt wandte sich zum Gehen.

„Bevor Sie gehen, Dr. Bherne, sollen Sie noch wissen, daß ich großen Hunger habe. Wann bekomme ich denn etwas Richtiges zu essen?" Es war das erstemal, daß ich seit jener qualvollen Zeit in Florida feste Nahrung verlangte.

Der Doktor schüttelte den Kopf. „Damit müssen wir ganz vorsichtig beginnen. Vielleicht erst einmal ein Glas eisgekühlte Limonade zum Anfang."

Die fröhliche Stimmung setzte sich den ganzen Vormittag fort, als immer mehr Verwandte eintrafen. Es war wie eine Siegesfeier.

Zwei weitere Ärzte erschienen, um mich zu untersuchen und auszufragen. Aber die Limonade erschien nicht.

Gegen Mittag brachte mir die junge Hilfsschwester ein Tablett. Darauf waren zwei Schweinekoteletts, Apfelbrei, etwas Quark, ein Stück Zitronenkuchen mit warmer Creme und ein Kännchen Tee.

Hungrig, wie ich war, aß ich eins nach dem anderen auf und hatte das Gefühl, das köstlichste Mahl meines Lebens verzehrt zu haben.

Kurz darauf kam eine völlig aufgelöste Schwester herein, um mein Tablett zu überprüfen, gefolgt von einer erzürnten Patientin namens Underwood, der man nichts als ein Glas Limonade zum Mittagessen vorgesetzt hatte. Upchurch und Underwood — Oberkirch und Unterwald — es war leicht zu erkennen, daß eine Verwechslung stattgefunden hatte. Und richtig, hinter dem Teekännchen lag auf dem Tablett ein Kärtchen mit dem Namen „Underwood“.

Etwas später kehrte die Schwester mit einem fahrbaren Apparat zurück. „Es tut mir leid, aber ich habe den Auftrag, Ihren Magen auszupumpen“, sagte sie.

Alles in mir wehrte sich dagegen, da es mir unnötig erschien. „Bitte nicht!“ bat ich inständig. „Das Essen war doch so gut! Es ging ohne Beschwerden ein, und ich fühle mich ganz wohl.“

Die Schwester ließ sich beim Entrollen der einzelnen Schläuche nicht beirren. „Vorschrift ist Vorschrift“, erwiderte sie.

„Dann tut es mir leid“, sagte ich etwas bestimmter. „Ich habe so viel an Gewicht verloren, daß ich diese Nahrung unbedingt brauche.“

Sie wurde unschlüssig.

„Ich verspreche Ihnen, sofort zu läuten, wenn ich Anzeichen verspüre, daß es mir schlecht geht“, fügte ich hinzu.

Nur zögernd zog sich die Schwester mit ihrem Apparat zurück.

„Lieber Herr“, betete ich, „hilf mir, diese Nahrung zu verdauen!“

Der Vorgang von Essen, Verdauen und Ausscheiden ist für die meisten von uns etwas Selbstverständliches, daß wir kaum noch zu schätzen wissen, was für ein wunderbar reibungsloser Prozeß es ist — solange, bis eine Störung auftritt. Die darauffolgenden Stunden waren eine Zeit großer Spannung. Ich hatte ja seit Wochen keine feste Nahrung mehr zu mir genommen. Würden die Schweinekoteletts, der Apfelbrei und Quark auch glatt durch den Verdauungstrakt hindurchgehen? Wenn es da ein Hindernis gäbe, würde mein Magen sehr schnell ein Warnsignal geben.

Mehrere Stunden verstrichen, während Verwandte

kamen und gingen. Da meldete sich mein Körper, und ich drückte auf den Klingelknopf. Als die Schwester mit besorgten Blicken erschien, begrüßte ich sie mit dem strahlendsten Lächeln. „Würden Sie mir bitte zur Toilette helfen?"

Wie sehr ich auch wankte, es war dennoch ein Triumphzug. Und wie soll ich meinen Jubel beschreiben, als ich merkte, daß mein Darm wieder richtig arbeitete?

Am nächsten Morgen erschien Dr. Bherne, schloß die Zimmertür hinter sich zu und untersuchte mich sehr sorgfältig; danach setzte er sich auf einen Stuhl neben meinem Bett. Weil ich sah, daß er noch einen zweiten Stuhl neben sich herangerückt hatte, deutete ich fragend auf ihn: „Kommt sonst noch jemand zu dieser Trauerveranstaltung? Oder ist es ein Begrüßungs- und Freudenfest für eine aus den Toten Zurückgekehrte?"

Da sah ich ihn zum erstenmal lachen. „Auf diesem Stuhl soll die Infektion Platz nehmen", erwiderte er humorvoll.

Jetzt war die Reihe zu lachen an mir. Wie gut das tat! Ich mochte Dr. Bherne. Er hatte sich sehr negativ über meine Genesungschancen geäußert. Er war ein bißchen ein Schwarzseher, aber ein vortrefflicher Arzt und ein geschickter Chirurg. Plötzlich empfand ich ein Gefühl der Dankbarkeit ihm gegenüber für all die Stunden besorgter Teilnahme, die er mir gewidmet hatte. Jetzt sah ich ihn zum erstenmal richtig; ein kleiner Mann mit randloser Brille, zerfurchtem Gesicht und kurzgeschorenem, angegrautem, dünnem Haar. Seine Augen waren freundlich, aber etwas abweisend. Ich hatte das Gefühl, daß er mir einen nüchternen, sachlichen Bericht darüber geben wollte, was die Krankheit bei mir angerichtet hatte.

„Ich denke, wir können Sie in ein paar Tagen aus dem Krankenhaus entlassen", fing er an. „Das ist natürlich eine gute Nachricht. Wir freuen uns mit Ihnen, daß Sie dem Leben wiedergegeben worden sind. Aber vergessen Sie nicht, wie schwer krank Sie lange Zeit gewesen sind. Es wird Monate dauern, bis wir das ganze Ausmaß der Schäden an Ihrem Organismus erkennen können." Dann ging er dazu über, die einzelnen Stellen aufzuzählen, denen seine besondere Sorge galt. Danach schien es, als ob die Infektion beinahe jedes Organ in Mitleidenschaft gezogen hätte.

„Wir haben Ihre Fortpflanzungsorgane nicht entfernt", fuhr er fort, „aber ich kann Ihnen versichern, daß sie durch die gangränöse Infektion stark beeinträchtigt worden sind. Es ist ein so dünnes Häutchen zwischen dem Blinddarm und den Eierstöcken, daß eine Bauchfellentzündung allemal eine ernste Bedrohung für die Fruchtbarkeit einer Frau darstellt. In Ihrem Falle besteht kaum noch die Möglichkeit einer Empfängnis. Die Chancen, ein normales Kind auf die Welt zu bringen, sind für Sie eins zu tausend. Wahrscheinlich aber sind die Aussichten sogar noch schlechter. Ich lege Ihnen und Ihrem Manne deshalb dringend nahe, von jetzt an Verhütungsmittel zu gebrauchen. In Anbetracht der schweren Infektion, die Ihre Eierstöcke angegriffen hat, rate ich Ihnen sogar, doch in Erwägung zu ziehen, sie eines Tages entfernen zu lassen. Ein mißgebildetes Kind wäre ein zu hoher Preis für jede Art von Leichtfertigkeit auf diesem Gebiet, obwohl ich persönlich nicht glaube, daß unter den gegebenen Umständen überhaupt eine Aussicht auf Empfängnis besteht."

Als der Arzt sein medizinisches Gutachten abgegeben hatte, bedachte er mich mit jenem anerkennenden Lächeln, das er für mitarbeitswillige Patienten bereithielt, und verabschiedete sich, um seine Visite fortzusetzen.

Einige Tage, bevor Schwester Mary Barton ihren Dienst offiziell wieder aufnahm, kam sie in mein Zimmer. Sie stand am Fußende des Bettes, starrte mich mit großen Augen an und brachte kein Wort heraus, während ich ihr die Heilung, die ich erfahren hatte, schilderte. „Ich kann es einfach nicht glauben", sagte sie schließlich. „Du lagst im Sterben, als ich dich zuletzt sah." Sie nahm meinen Krankheitsbericht zur Hand und schaute lange hinein. Dann schüttelte sie den Kopf. „Und jetzt bekommst du auch schon feste Nahrung?"

Alles, was ich entgegnen konnte, war ein Schmunzeln über die Ratlosigkeit auf ihrem Gesicht.

Etwas später eilte Mary in ihrer Freistunde über die Straße zum Eisstand der Drogerie und kaufte eine riesige Portion Schokoladeneis. Mit einem ebenso großen Schmunzeln erschien sie dann in meinem Zimmer und überreichte es mir voller Freude, womit sie ihr Versprechen einlöste. „Das ist eine Wette, die ich niemals einlösen zu müssen glaubte", sagte sie.

War das ein Festschmaus! Ich kann nicht sagen, wer es mehr genoß, Mary, die fröhlich grinsende Spenderin, oder Betty, die auf Eis versessene Empfängerin.

Einige Tage danach holte mich Hans nach Hause. Er mußte zweimal fahren, um all die Blumen, Topfpflanzen, Geschenke und persönlichen Kleinigkeiten zu transportieren. Ich war immer noch so gebrechlich und schwach, daß ich nur wenige Schritte hintereinander schaffte. Aber was für ein Freudenfest für Hans und mich, wieder in unserer eigenen Wohnung zu sein, im eigenen Bett zu liegen, am Frühstückstisch sich gegenüberzusitzen, sich beim Fernsehen auf der Wohnzimmercouch die Hände zu halten, Brenda mit Puppen und Spielzeug ums Haus flitzen zu sehen, um allen Freunden aufgeregt mitzuteilen: „Mami ist wieder da, Mami ist wieder da!"

Wie anders fühlte ich mich jetzt zu Hause. Fort war alle Unruhe, das ständige Verlangen, nach Florida zu entfliehen. Statt dessen war ein beständiges Gefühl des Lobpreises in mir. Im Krankenhaus hatte mir Gott als erstes dazu verholfen, mich selbst und meine sündige Natur zu erkennen, und dann hatte er mir durch sein Wort gezeigt, welche Korrekturen nötig waren. Wie wohltuend, diese persönliche Beziehung zu ihm zu haben. Und wie unvorstellbar, Jesus in seiner Welt persönlich begegnet zu sein, in seinem Licht gestanden und gespürt zu haben, wie der wunderbare Strom seiner Heilkräfte durch meinen Körper floß.

Jeden Tag fing ich nun mit ihm an, nahm immer mehr von seiner Welt in mich auf, suchte die Gegenwart seines Geistes mit einem fröhlichen Lied auf den Lippen.

Eines Morgens, als ich gerade mit meinem Kräftigungstraining anfing, erhielt ich eine klare Botschaft: „Du wirst sein wie ein Baum, gepflanzt an den Wasserbächen."

Ich holte meine Bibel und schlug den ersten Psalm auf, der ein Loblied auf den Gerechten darstellt. Dort steht im dritten Vers: „Der ist wie ein Baum, gepflanzt an Wasserbächen, der seine Frucht bringt zu seiner Zeit und dessen Blätter nicht verwelken, und alles, was er macht, gerät wohl."

In aller Einfalt nahm ich es als Hinweis, soviel wie möglich jeden Tag zu trinken, um das Ausspülen der Giftstoffe aus meinem Kreislauf fortzusetzen. Meine Haut, mein Gewebe, alle Organe verlangten geradezu nach Flüssigkeit. Und bis heute habe ich diese Gewohnheit beibehalten und dabei eine lange Zeit bester Gesundheit erlebt, ohne Erkältungen und mit reiner Haut.

In den folgenden Monaten baute sich mein Körper langsam wieder auf, erlangte sein verlorengegangenes Gewicht wieder, wobei ich gewissenhaft auf die Probleme achtgab, vor denen mich Dr. Bherne gewarnt hatte. Es gab keine Nachwirkungen auf die schmerzstillenden Medikamente. Meine Körperfunktionen waren normal. Mein Augenlicht schien unbeeinträchtigt.

Einige Jahre danach ließ ich meinen Führerschein erneuern. Bei dem Sehtest las ich die Tabellen schnell und mühelos. Der Prüfungsbeamte forderte mich auf, meine Kontaktlinsen herauszunehmen und den Kleindruck der untersten Zeile noch einmal zu lesen.

Er konnte wohl meine Freude nicht verstehen, als ich ihm erwiderte: „Ich kann die unterste Zeile noch einmal lesen, aber ich trage keine Kontaktlinsen."

Hans und ich beteten oft nach unseren Gesprächen über die Möglichkeit einer mißgebildeten Schwangerschaft, die auftreten könnte, wenn wir keine Verhütungsmittel nähmen. Meine Einstellung war: Wenn Gott heilt, heilt er vollkommen. Hans neigte dazu, dem Rat des Arztes zu folgen,wenigstens eine Zeitlang. Also entschloß ich mich, meinem Mann zu gehorchen.

Die Heilung war nicht allein auf meinen Körper beschränkt. Gott hatte meinen unruhigen Geist besänftigt und mich darüber hinaus von tief verwurzelten Vorurteilen gegenüber bestimmten Minderheiten und von meiner Abneigung gegen gewisse Typen von Menschen freigemacht. Einer der ersten, die ich aufsuchte, um ihm persönlich für seine Hilfe zu danken, war Art Lindsey. Die nächste sollte meine Schwiegermutter sein.

Meine Genesungszeit war nur überschattet durch eine Verschlechterung der Gesundheit meines Mannes. Er war eines Tages früher von der Arbeit heimgekommen, beklagte sich über besondere Müdigkeit und ging früh zu Bett.

Sein Verhalten war so ungewöhnlich, daß ich den Arzt rufen wollte. Hans lehnte das ab; er brauche nur einmal einen Tag Ruhe. Unglücklicherweise war es gerade um die Zeit, die seine Mutter für einen Besuch bei uns ausgesucht hatte. Eigentlich freute ich mich auf ihren Besuch, weil ich zuversichtlich war, daß meine Abneigung gegen sie verschwunden war, und weil ich auch fest entschlossen war, für die Zukunft ein gutes Verhältnis zu meiner Schwiegermutter aufzubauen.

Als es am nächsten Morgen an der Haustür klingelte, öffnete ich und umarmte sie herzlich. Sie war vorsichtig freundlich. Ihre braunen Augen blickten mich einen Augenblick lang prüfend an und glitten dann weiter durchs Zimmer. Es entging ihr nichts, weder die neuen Spielsachen für Brenda, auch nicht die einzige Brücke, die von meinen Eltern stammte, noch meine neuen blauen Schuhe.

Von dem Augenblick an, in dem sie das Wohnzimmer betreten hatte, war ihre ganze Aufmerksamkeit auf Hans gerichtet, der im Bademantel auf einem Stuhl saß und Pläne für ein neues Haus schmiedete. Man sah, wie sie nach jeder Einzelheit in seinem Aussehen forschte. Und schon kam sie auch in Fahrt. „Hans, ich bin wirklich in Sorge um dich. Du siehst so blaß aus. Was fehlt dir? Warum bist du am hellichten Tag daheim?"

Wie immer überhörte Hans auch diesmal ihre aufdringlichen Fragen nach seiner Gesundheit. „Ich möchte, daß du dir einmal die Pläne für unser neues Haus ansiehst", sagte er.

Sie tat es, dann sagte sie spitz: „Ich kann mir nicht vorstellen, wie ihr das bezahlen wollt." Mit einem Seitenblick auf mich bemerkte sie noch: „Ihr beide werdet wohl ewig über eure Verhältnisse leben."

Der Besuch wurde ein Fiasko. Meine ganze Feindseligkeit gegen meine Schwiegermutter lebte wieder auf. Die Gesundung meiner Gefühlswelt war offensichtlich nicht so weit fortgeschritten, wie ich gedacht hatte.

9

DER RÜCKSCHLAG

Mutter Upchurchs Besuch war zu einer schlimmen Niederlage für mich geworden. Ich hatte geglaubt, ich wäre nun frei von meiner Empfindlichkeit gegen sie. Was mir aber am meisten zu schaffen machte, war ganz schlicht die Tatsache, daß ich instinktiv ahnte, daß sie mit ihren Bedenken gegen das neue Haus und ihren Sorgen um die Gesundheit ihres Sohnes recht hatte. Ebenso, wie sie darin recht gehabt hatte, daß ich für Äußerlichkeiten bisher zuviel Geld ausgegeben hatte. Auch hatte sie mich zu Recht dafür verantwortlich gemacht, daß wir die meiste Zeit in Schulden steckten und ich ihr deshalb beständig auswich.

Dennoch war bei mir eine Veränderung eingetreten. Ich war längst nicht mehr so auf die Dinge versessen, achtete dafür weit stärker darauf, eine gute Ehefrau und Mutter zu sein. Auch waren die Anstöße für ein neues Haus von Hans ausgegangen. Ich hatte ja Hans zum Arzt bringen wollen, aber er hatte sich geweigert. Deshalb empfand ich jetzt ihre Anklage gegen mich als äußerst ungerecht.

Während ich eines Morgens über meine verfahrene Situation nachsann, schoß es mir durch den Kopf, ich sollte meiner Schwiegermutter bestimmte Bibelstellen angeben, die sie unbedingt lesen müßte. Das würde sie schon von ihrer Kritiksucht überführen. Vielleicht sollte ich die Stellen einem Brief beifügen. Nein, sie hatte immer den direkten Austausch vorgezogen. Sagte sie nicht stets, man sollte das Kind beim Namen nennen?

Ich suchte die Bibelstellen heraus und legte die Bibel neben das Telefon. So ein gelegentlicher Anruf, der sich ganz beiläufig auch auf die Bibel bezog, würde der richtige Weg sein, die Sache zu klären, dachte ich. Die erste Stelle, die ich im Auge hatte, war aus den Sprüchen. Meine rechte Hand war bereit, die Nummer zu wählen, mit der Linken schlug ich die Bibelstelle auf.

Da fiel mein Blick auf einen Vers. Moment mal! Das ist er doch gar nicht. Wo kommt denn dieser Vers plötzlich her? Ich hatte doch schon zweimal die Bibel von vorn bis hinten durchgelesen und war noch nie auf diesen merkwürdigen Vers gestoßen: „Herr, stelle eine Wache an meinen Mund, bewahre die Tür meiner Lippen!" (Psalm 141,3).

Es war für mich so offensichtlich, daß ich lachen mußte. „Herr, du tust dein Werk von neuem an mir." Gerade hatte ich vorgehabt, die Bibel gegen meine Schwiegermutter ins Feld zu führen, da drehte Gott den Spieß um und wies ihn auf mich. Wieviel göttlicher Humor lag doch darin!

Mit einem Mal wurde mir klar, daß ein Telefonanruf überhaupt keine Lösung bringen könnte. Was wirklich not tat, war ganz einfach, meine Schwiegermutter für all die unfreundlichen Gedanken, Worte und Taten gegen sie in all den Jahren, seit ich sie kannte, um Verzeihung zu bitten.

Über zehn Jahre lang hatten wir gespart, um unser Traumhaus bauen zu können. Die Pläne waren schon vor meiner Krankheit entworfen worden. Während Hans jetzt darauf drängte, den Bau voranzutreiben, sträubte sich etwas in mir dagegen. Ich hätte auf diese innere Stimme hören sollen, tat es aber nicht, und so gaben wir der Baufirma den Auftrag, die Sache in Angriff zu nehmen.

Unser neues Acht-Zimmer-Landhaus wurde hauptsächlich aus grauem Bedford-Stein gebaut, langen, schweren und teuren Natursteinplatten aus einem Steinbruch in

Indiana. Als Motiv für den ganzen Bau verwandten wir ein kreisförmiges, graublaues, schmiedeeisernes Weinlaubornament; das ließen wir in die Einfassung, die Fensterläden, Fensternischen, die Verandamöbel sowie in alle Pfeiler und Verandastützen einarbeiten. Das Tapetenmuster enthielt bläulichen Lavendel und blühenden Flieder. Unser Teppichboden war in sattem Purpur; die Möbel dagegen in Weiß. Die Gartenbepflanzung bestand hauptsächlich aus Fliederbüschen und Glyzinienbäumchen.

Hans gewann nach seiner kurzen Krankheit wieder seine alte Vitalität zurück, doch bemerkte ich, daß seine Arbeitstage jetzt etwas kürzer waren als vorher. Er überwachte gewissenhaft den Bau unseres heiß ersehnten Hauses, übernahm aber selbst weniger von den praktischen Arbeiten, als er ursprünglich vorgesehen hatte.

Es war an einem schwülen Abend im Sommer nach unserem Einzug, als ich mit Brenda, die mittlerweile acht Jahre alt geworden war, in unserem neuen Heim beim Fernsehen saß. Wegen Gewitterstörungen in unserer Gegend war das Fernsehbild leicht verzerrt. Den ganzen Tag über war es schon drückend heiß gewesen. Beim Untergang der Sonne färbte sich der Himmel gelbgrün. Ich ertappte mich bei dem Wunsch, Hans möge heute doch sein Geschäft eher schließen und rasch heimkommen.

Als um 9.20 Uhr Bild und Ton im Fernsehapparat aussetzten, brach urplötzlich der Sturm über uns herein. Als ich den Apparat ausschaltete, löste dies in meinem Innern gleichsam ein Warnsignal aus. Ich vernahm eine Stimme: „Geh mit Brenda sofort aus diesem Zimmer!“

Meine erste Reaktion war, mich mit dieser Warnung vernunftmäßig auseinanderzusetzen: „Noch nie habe ich mich vor einem Sturm, vor Dunkelheit oder dem Tod gefürchtet.“ Aber die Stimme blieb hartnäckig.

Ich ergriff Brendas Hand, und wir eilten aus dem Wohnraum ins Schlafzimmer. Wenige Augenblicke später setzte ein Dröhnen ein, als ob hundert Lastwagen über uns ratterten und den Boden erschütterten. Ich blickte nach oben und sah, wie sich das Dach vollständig abhob und dann weggetragen wurde. Der Sog preßte uns fest gegen die Wand und quetschte mir die Hüfte. Danach warf ich mich schützend über Brenda, die auf dem Boden lag.

Das Wohnzimmer, dem wir gerade noch entkommen waren, war vollständig verwüstet. Es hätte uns das Leben gekostet, wenn wir länger dort geblieben wären.

Brenda und ich steckten den Kopf unter das Kirschbaum-Himmelbett, während über zwei Meter große Natursteinplatten über uns hinwegfegten. Die Deckenbalken aus Sequoyaholz barsten auseinander und türmten sich zu seltsam gewinkelten Gebilden. Dann brachen mit einem Male Wassermassen wie Wände über uns herein und setzten alles unter Wasser, so daß wir uns den Hals verrenken mußten, um noch atmen zu können. Ein Blitz schlug in die Trümmer unseres Hauses und hinterließ eine kreisrunde, tischgroße Brandstelle neben uns auf dem Teppich.

Brenda betete laut: „Herr Jesus, bewahre Mama und mich! Laß auch Grauchen (unseren Hund) und ‚Kürbisgesicht' nicht verletzt werden. Und bitte, Herr Jesus, laß meine Goldfische nicht weggeblasen werden!"

Als nach wenigen Minuten der Sturm und die Regenböen aufhörten, war das Haus ein Trümmerhaufen. Unser neuer Cadillac war in der Garage plattgedrückt worden. Der Tornado, der auf dem nahegelegenen Flughafen überhaupt nicht bemerkt worden war, hatte in unserem Wohngebiet 63 Häuser zerstört oder schwer beschädigt.

Es dauerte nicht lange, und „Grauchen" kam unversehrt aus den Trümmern hervorgekrochen. Auch „Kürbisgesicht" war unter dem plattgedrückten und zerknautschten Wagen unverletzt geblieben. Was uns aber am meisten in Erstaunen versetzte, war unser gläsernes Aquarium — es war vollkommen unversehrt, zwar voller kleiner Trümmerteilchen, aber alle Goldfische waren am Leben.

Als dieser unberechenbare Tornado einsetzte, hatte ich nur ein einfaches, weißes Nachthemd an. Nachdem man mir aus den Trümmern wieder herausgeholfen hatte, holte mir eine Nachbarin den samtenen Morgenrock ihres Mannes. Er blieb dann meine Hauptbekleidung für die nächsten zwei Tage. Auch Brenda hatte nur ein Paar kurze weiße Höschen angehabt. Sie gehörten zu dem Wenigen, das wir aus den Trümmern gerettet hatten. So hatte der Tornado in etwa zwanzig Sekunden Besitztümer zerstört, die wir im Laufe von zehn Jahren zusammengespart hatten.

Zusammen mit Neugierigen, Hilfsmannschaften, Zeitungsreportern und Fernsehleuten traf Hans schließlich bei uns ein. Als wir gemeinsam den Ort der Verwüstung betrachteten, überlief uns beide ein Schaudern. An einer noch stehengebliebenen Wand war eine Dose mit Fruchtgelee angeklebt, die der Sog aus dem Küchenschrank herausgerissen hatte. Die Bibel lag unverändert auf dem Kaffeetisch, einem der wenigen Möbelstücke, die den Sturm überstanden hatten.

Am nächsten Morgen rief ein Freund von uns an und teilte uns mit, er habe in einem vier Kilometer von uns entfernten Feld unsere Familienbilder gefunden. Nachdem wir sie bei ihm abgeholt hatten und in unseren trümmerübersäten Hof zurückgekehrt waren, standen dort mehrere Nachbarn und deuteten lachend auf einen Gegenstand am Rande unseres zerschmetterten Hauses. Da lag fein säuberlich mit der Titelseite nach oben das Buch „Vom Winde verweht“.

Es gab auch einige, die sich von unseren Sachen das

eine oder andere Stück angeeignet hatten, doch die meisten boten uns wirklich ihre Hilfe an. Von unserer Gemeinde bekamen wir einen ganzen Berg Bettwäsche; Nachbarn liehen uns Kleidung; die Versicherung ersetzte uns fast alles, einschließlich Brendas Spielsachen. Und innerhalb von sechs Monaten konnten wir unser Haus wieder aufbauen.

Noch Tage nach jenem Erleben konnte ich Gott nur danken. „Der Herr hat gegeben, der Herr hat genommen, der Name des Herrn sei gelobt!" (Hiob 1,21). Er ist wirklich ein Retter und Nothelfer, dachte ich zurückblickend.

Was mich selbst aber mehr als irgend etwas anderes erstaunte, war meine Gelassenheit bei der Zerstörung auch wertvollen persönlichen Besitzes. Materielle Dinge spielten keine so große Rolle mehr für mich seit jenem elementaren Erlebnis im Krankenhaus. Der folgende Liedvers drückt meine neue Einstellung treffend aus:

„Ob hier Zelt oder Hütte, ich sorge mich nicht;
dort drüben ist für mich ein Palast aufgericht'.
Selbst heimatvertrieben, zu dem Lied ich noch find':
Dir, Gott, sei die Ehre — bin ein königlich Kind."

Einige Monate nachdem wir unser Haus wieder aufgebaut hatten, führte Hans Verhandlungen, um ein überregionales Netz von Tankstellen aufzukaufen. Ich weiß noch, wie es mir einen kleinen Stich gab, als er mir damals gestand, daß ihm die tägliche stundenlange körperliche Arbeit zuviel würde. Die Leitung einer solchen Tankstellenkette, meinte er, sei weniger anstrengend.

1963 schlug Hans dann vor, nach Florida überzusiedeln. Diesmal war ich sofort bereit, aber aus anderen Gründen als 1959. Florida schien uns der richtige Ort für ein ruhigeres Leben. So zogen wir nach Clearwater Beach an der Westküste Floridas, nicht allzuweit von dem „Goldblick“-Erholungsgebiet, dem Schauplatz meiner „Bauchschmerzen“.

In Florida trat Hans mit seiner Arbeit tatsächlich kürzer, aber nicht aus freien Stücken. Seine Arbeitskraft hatte auf einmal stark nachgelassen. Eine gründliche Untersuchung im Krankenhaus war notwendig geworden. Das Ergebnis war ernüchternd. Die Röntgenaufnahmen von seinem Herzen ließen erkennen, daß die eine Herzklappe in der Aorta geschrumpft war und das Herz erweitert hatte. Die Ärzte rieten zu einer Herzoperation, bei der eine neue Herzklappe eingesetzt werden sollte. Zugleich wiesen sie ihn darauf hin, daß die ganze Sache nicht mehr aufgeschoben werden dürfe.

Im März des Jahres 1963 fuhren Hans und ich nach Gainesville in Florida, um uns durch weitere fachärztliche Untersuchungen im dortigen Herzklinikum Gewißheit zu verschaffen. Wir waren übereingekommen, diesen Aufenthalt zu einer Zeit der Ausspannung für uns beide zu machen.

In einer Pension, von wo wir einen weiten Blick über das gesamte Gelände der medizinischen Fakultät der Universität von Florida hatten, mieteten wir uns ein. Unser Zimmer lag im zweiten Stock. Damals hielt ich die sechzehn Dollar pro Tag für einen enormen Preis, aber wir sollten uns ja mit solchen Problemen nicht belasten. So ernst der eigentliche Anlaß auch war, so wollten wir uns doch „freuen im Herrn“.

Lebhaft steht mir noch das Zimmer mit seinen blaugemusterten Tapeten vor Augen, den verschiedenen Meeresdarstellungen an den Wänden, seinem rustikalen, braungetönten Balkon mit dem stabilen runden Tisch und den altmodischen Wohnzimmerstühlen. Auf diesem Balkon verbrachten wir die meiste Zeit und beobachteten das studentische Treiben auf dem Gelände der Universität. Vor allem aber führten wir lange Gespräche.

Dabei fiel mir auf, daß mein Mann die Angst wie eine schwere Last auf dem Herzen lag, was er jedoch zu verbergen suchte. So sprachen wir zunächst über die medizinischen Einzelheiten, die mit einer Herzklappenerneuerung verbunden sind. Herzoperationen sind ja immer mit einem besonderen Risiko verbunden, aber die Ärzte hatten Hans versichert, daß in seinem Fall alles auf einen erfolgreichen Ausgang hindeutete.

Während wir so plaudernd bei einer Erfrischung zusammensaßen, wanderten unsere Gedanken zurück in jene Zeit, als Hans vier Jahre alt war und zum erstenmal jenes rheumatische Fieber hatte. Er konnte sich selbst kaum noch daran erinnern. Als sich der Krankheitsfall fünf Jahre später wiederholte, meinte der Arzt, er könnte vielleicht einmal eine Herzgeschichte bekommen, brauche sich aber darüber keine Sorgen zu machen. Doch als Hans eines Nachts seine Eltern darum beten hörte, daß er vor einem drohenden Herzleiden bewahrt werden möchte, machte er sich ernsthaft Gedanken. Zur gleichen Zeit kam damals ein guter Freund von ihm in den Trümmern seines Autos ums Leben.

Irgendwie hatte Hans einen Blick für tragische Zusammenhänge. Zu jenem Erlebnis bemerkte er: „Eben stand mein Freund noch in voller Lebenskraft da, dann war sein frohes, glückliches Gesicht plötzlich für immer fort. Seitdem sehe ich im Tod den großen Betrüger und Feind des Lebens. Auch hinter mir war er her. Er war mein einziger, wirklicher Feind. Wie ich ihn haßte! Dann warst du plötzlich dem Tod nahe, und ich war wie gelähmt vor Furcht und ohnmächtiger Wut. Als du dann jedoch vom Tode zurückgekehrt bist und mir erzählt hast, wie schön es für dich war, hast du mich über den tatsächlichen Verlust in neue Zweifel und Verwirrung gestürzt."

„Es war kein Verlust, Hans. Es ist ein Gewinn!

Du brauchst den Tod nicht mehr so zu hassen. Er kann sogar ein Freund sein, das weiß ich jetzt. Glaube mir, Hans!"

„Ich lasse ja deine Erfahrung gelten, Betty. Ich glaube schon, daß es einen Himmel gibt. Aber ich möchte auch so gewiß sein wie du, daß der Tod ein Freund sein kann. Ich bin einfach noch zu gerne hier. Ich liebe dich und Brenda, meine Arbeit und das Leben draußen in der Natur. Ich kann mir nun einmal nicht vorstellen, daß die künftige Welt auch so schön sein wird wie diese. Erzähle mir doch noch einmal, was du gesehen hast."

Also wiederholte ich die ganze Geschichte von meinem Sterben, schilderte alle Einzelheiten, als ob es gestern gewesen wäre — mein Gefühl der Beschwingtheit und Freude, die Farben des Grases, des Himmels, der Edelsteinmauern, dazu die erhabene Musik und schließlich mein Durchdrungensein von jenem starken, goldgelben Licht und die Läuterung, die es bewirkte. „Es war ein so blendendes Licht, daß ich wohl die Person Jesu noch nicht sehen sollte", sagte ich nachdenklich. „Aber ich fühlte seine Wärme."

„Du hast damals gesagt, du hättest in die Stadt hineingehen wollen", fuhr Hans fort. „Warum eigentlich? Was glaubtest du dort zu finden?"

„Ich brannte deshalb so darauf hineinzugehen, weil sie mir schon von außen so wunderbar erschien. Vor allem die Musik, die herausdrang, war einfach himmlisch."

„Nun, Schönheit und Musik gibt es auch schon hier, Betty, und noch vieles andere Schöne dazu. Natürlich habe ich schon immer davon gehört, wie schön die Musik im Himmel sei. Aber da muß noch etwas anderes gewesen sein."

„Du hast recht, die Person Jesu ist es. Seine Gegenwart

zog mich mehr an als alles andere, was mir jemals begegnet ist. Deutlich spürte ich, daß ich von ihm die Antwort auf alle Fragen, die mich bewegt oder beunruhigt haben, hätte bekommen können. In seiner Gegenwart wurde mir klar, daß er mich besser kannte als irgend jemand in der Welt, mich aber zugleich trotz meiner Fehler rückhaltlos liebte. Was dort in mich einströmte, war seine Liebe. Deshalb sehnte ich mich danach, dort hineinzugehen und bei ihm zu sein und ihm zu dienen."

Hans hatte leuchtende Augen bekommen. Er wirkte gelöster, und ich hatte den Eindruck, auch er spürte etwas von der starken Liebe Jesu, wie ich sie empfunden hatte.

Am nächsten Morgen stand ich leise auf, bevor Hans wach war, zog einen warmen Morgenrock über, nahm meine Bibel und schlich auf den Balkon. Die ersten rötlichen Strahlen der Morgensonne sickerten durch die Bäume auf den taufrischen Rasen. Mit ein paar tiefen Atemzügen sog ich die Morgenkühle in mich ein und dachte an unsere Unterhaltung vom Abend vorher. Hansens Aufgeschlossenheit für jede Einzelheit meiner Wanderung mit dem Engel hatte mich einerseits erfreut, zum anderen aber auch beunruhigt. Hatte er eine Todesahnung? Er stand zwar vor einer schweren Operation, doch die Ärzte waren voll Zuversicht. Nein, schloß ich aus allem, Hans wollte gesund werden. Er wollte seine alte Tatkraft wieder zurückhaben.

Doch jetzt wollte ich mir für ihn jede nur mögliche Gewißheit darüber verschaffen. Ich schloß die Augen und betete: „Herr Jesus, gibt es noch etwas, was du mir sagen mußt?"

Der Herr hatte mir eine lückenlose Erinnerung an jede Phase meiner Zeit in der jenseitigen Welt gegeben — mit einer Ausnahme. Ich hatte voller Freude ein Lied mitgesungen, das vielstimmig und in verschiedenen Sprachen erklungen war. Ich hatte alle Worte verstanden und war fest überzeugt, ich würde sie nie mehr vergessen, und doch konnte ich mich später weder an die Worte noch an die Melodie erinnern. Während ich nun auf unserem Balkon um eine Antwort flehte, tauchten die Worte vor mir auf: „Du siehst jetzt wie durch einen Spiegel."

Ich schlug das 13. Kapitel des ersten Korintherbriefes auf und las mit Bedacht das „Hohelied der Liebe". Einige Verse sprachen mich besonders an; ich schrieb sie mir heraus. Dabei entstand ein richtiges Zwiegespräch zwischen mir und meinem Herrn.

„'Wir sehen jetzt durch einen Spiegel wie im Rätsel ...' Offensichtlich ist unser Zustand in dieser Welt so, daß wir die Geheimnisse der künftigen Welt nicht sehen, geschweige denn verstehen können.

‚Dann aber von Angesicht zu Angesicht.' Herr, du hast mir bereits gezeigt, daß uns der Tod vor dein Angesicht stellt.

‚Jetzt erkenne ich stückweise, dann aber werde ich erkennen, gleichwie ich erkannt bin.' Auf der Erde ist unser Wissen begrenzt, im Himmel aber wird es sich zu voller Erkenntnis entfalten. Das wird auch bedeuten, Herr, daß wir in deiner himmlischen Stadt jeden kennen werden, so wie auch jeder uns kennen wird. Auch werden wir im Himmel alle anderen Sprachen verstehen. (‚Wir wissen aber, daß ... wir ihm ähnlich sein werden; denn wir werden ihn sehen, wie er ist.') Als ich an deinem Tor stand, da hatte ich dieses Verständnis, Herr. Ich kannte die Bedeutung der verschiedenen Worte in allen möglichen Sprachen. Aber dieses Wissen wurde mir entzogen, als ich wieder auf diese Erde zurückkehrte. Ich glaube, Herr, das geschah deswegen, weil diese Weisheit für mich eine zu große Bevorzugung in dieser Welt bedeutet hätte."

Eine Stunde lang betete ich, las Gottes Wort und

wurde durch jedes Stückchen Erkenntnis, das er mir in Geist und Herz gab, bereichert.

Dann wachte Hans auf. Wir tranken Kaffee und beteten miteinander. Gegen Abend setzten wir uns auf den Balkon und beobachteten, wie die Schatten der Bäume und Häuser länger wurden, bis schließlich die Sonne ins Meer versank.

Hans hatte sich am Morgen mehreren Herzuntersuchungen unterzogen und danach einige Stunden bis in den Nachmittag hinein geschlafen. Er war ganz ausgeruht und bereit, unser Gespräch fortzusetzen. „Vor Jahren, Betty, hat der Pastor in unserer Kirche gepredigt, wir bereiteten uns selbst den Himmel oder die Hölle schon hier auf der Erde. Das hat mir damals eingeleuchtet, aber jetzt verstehe ich es nicht mehr. Ich bin zu der Einsicht gelangt, daß es nach diesem Leben eine Hölle und einen Himmel gibt. Aber im Blick auf den Himmel bin ich nicht so ganz sicher, ob mir diese Einsicht auch Freude bereitet. Ich würde vieles vermissen, zum Beispiel den Sport."

„Wie kommst du darauf, es gäbe im Himmel keine sportliche Betätigung?"

„Und wie kommst du darauf, es gäbe welche? In langen, wallenden Gewändern Ball spielen — das kann ich mir nicht vorstellen!"

„Die Bibel sagt, daß der Himmel ein Ort ausgefüllten Tätigseins sein wird."

„Eine solche Stelle kenne ich nicht."

Ich schlug das 65. Kapitel des Propheten Jesaja auf:

„Denn siehe, ich schaffe einen neuen Himmel und eine neue Erde, also daß man der frühern nicht mehr gedenkt und sie niemand mehr in den Sinn kommen werden... Sie werden Häuser bauen und dieselben bewohnen, Weinberge pflanzen und deren Früchte genießen...denn gleich dem Alter der Bäume wird das Alter meines Volkes sein, und was ihre Hände erarbeitet haben, werden meine Auserwählten auch verbrauchen" (Jesaja 65,17.21—22).

Wir sprachen ausführlich über mögliche Arten von Arbeit in der Stadt Gottes.

Hans verlangte weitere Bibelstellen, die von dem Leben nach dem Tod handelten. Ich bemühte mich, noch einige aufzufinden. Dabei stieß ich auf die folgenden:

„Freuet euch aber, daß eure Namen im Himmel eingeschrieben sind!" (Lukas 10,20).

„In meines Vaters Hause sind viele Wohnungen, wo nicht, so hätte ich es euch gesagt. Ich gehe hin, euch eine Stätte zu bereiten" (Johannes 14,2).

„Er wird den Tod auf ewig verschlingen. Gott der Herr wird die Tränen von allen Angesichtern abwischen" (Jesaja 25,8).

„Und Jesus sprach zu ihm: Wahrlich, ich sage dir, heute wirst du mit mir im Paradiese sein!" (Lukas 23, 43).

Und schließlich fand ich noch jene gewaltigen Worte: „Und jeder, der da lebt und an mich glaubt, wird in Ewigkeit nicht sterben" (Johannes 11,26).

Ich konnte deutlich sehen, daß Hans eigentlich keine Schwierigkeiten hatte, die Verheißungen der Bibel anzunehmen. Er konnte sich bloß nicht vorstellen, daß die künftige Welt besser sein sollte als diese. Wie konnte ich da helfen?

„Ich kann keine anderen Beweise anführen als die, welche uns die Bibel gibt", erwiderte ich. „Das Singen, das ich vor dem himmlischen Tor hörte, erfüllte mich mit großer Feude, mit Lebensmut, schöpferischer Kraft, Liebe, Glück und Tatendrang. Es war alles andere als langweilig. Wohl war es friedlich, aber es herrschte keine sterile Friedlichkeit. In dem Augenblick, als ich das Tor durchschritt, hatte ich die innere Gewißheit, daß ein ganz neuer Lernprozeß für mich begänne, der von nun an meine ganze Kraft erforderte."

Hans hielt den Blick auf mich gerichtet. „Ich kann nicht gerade behaupten, daß ich dir an jenem Morgen im Krankenhaus so ganz geglaubt habe, als du uns erzähltest, du hättest einen Blick in die Ewigkeit getan. Ich wollte schon, aber ich konnte mich einfach nicht so schnell mit etwas anfreunden, gegen das ich mich so lange gesträubt hatte. Ich war vor allem dankbar, daß du wieder gesund warst, aber daß Sterben etwas Gutes sein sollte, konnte ich nicht akzeptieren."

„Sicher erscheint es den Menschen hier auf der Erde, die ihre nächsten Angehörigen verlieren, nicht als etwas Gutes", erwiderte ich. „Ich liebe das Leben ebenso wie du, Hans. Daran hat sich auch nichts geändert. Aber für mich ist der Tod nicht mehr das Ende des Lebens; es ist vielmehr der Anfang einer ganz neuen Daseinsform. Das Leben auf der Erde ist so kurz, verglichen mit der Ewigkeit. Wie dankbar bin ich, daß ich schon einen Blick da hineinwerfen durfte, wo ich einmal für immer sein werde. Ich bin völlig überzeugt, daß jeder, der Gott liebt und seinen Verheißungen vertraut, gar nichts mehr zu fürchten braucht."

Hans hatte auf einmal Tränen in den Augen. Ich streckte ihm die Arme entgegen, und er umfaßte mich, als ob er mich nie mehr loslassen wollte.

Spät am Abend saßen wir noch einmal auf unserem kleinen Balkon, hielten uns an der Hand und sogen den süßen Duft der Jasminblüten ein. Hans war ganz gelöst und fast schwärmerisch zärtlich. Ich gestand ihm, daß ich mich nie ganz wohl dabei gefühlt hatte, daß wir Dr. Bhernes Rat für unsere weitere Ehe gefolgt waren.

Hans war ganz auf meiner Seite. „Der Herr hatte uns seinerzeit seine Zusage gegeben, bevor er uns Brenda geschenkt hatte. Er hatte uns sein Wort gegeben, daß er seinen Geist auf unseren Samen und seinen Segen auf unsere Nachkommen ausgießen werde. Das ist doch eindeutig, oder?"

Gleichwohl empfand ich Gewissensbisse: „Gerade dabei ist mir klar geworden, daß wir falsch gehandelt haben. Wir haben nicht erkannt, daß Gott schon immer die Lösung für dieses Problem bereithielt", warf ich ein. Mit meiner Reue stieg plötzlich die zarte Gewißheit in mir auf, daß Gott mich auf eine neue Mutterschaft vorbereitete.

Die Untersuchungen verliefen glatt für Hans, und die vier Tage erwiesen sich als die herrlichste Zeit, die wir je zusammen verlebt hatten. Endlich hatten wir einmal Zeit, miteinander zu reden, zu ruhen, ganz füreinander da zu sein, gemeinsam zu beten und Gottes Wort aufzunehmen; auch Zeit, die Restaurants mit den besten Meeresspezialitäten zu erkunden — und nicht zuletzt Zeit, ganz neu zu entdecken, wieviel wir einander bedeuteten.

Am Ende dieser unserer zweiten „Flitterwochen" entschloß sich Hans, die Operation ins Auge zu fassen. Als Zeitpunkt wurde der 12. Mai festgesetzt, so daß wir noch zwei Monate Zeit vor uns hatten.

Etwa fünf Wochen davon waren vergangen, als ich eines Morgens auf der niedrigen Backsteinmauer an der Rückseite unseres Hauses in Clearwater saß, eingerahmt von schwankenden Palmen. Ich trank gerade meine erste Tasse Kaffee. Dabei drängte sich mir der Gedanke auf: Was für ein herrlicher Aprilmorgen! „Ich danke dir, Gott, für die Schönheit und besonders für den Duft der ganzen Natur hier draußen."

Ich hatte mir angewöhnt, jeden Tag mit dem Namen Jesu auf den Lippen zu beginnen. Als ich an diesem Morgen meine Stille Zeit hielt, hatte ich eine wonnige Empfindung. Wie das Flüstern eines köstlichen Geheimnisses stieg es in mir auf: Ich erwarte ein Kind! „O Gott, was für eine Freude!" jubelte es in mir.

Aber — haben wir auch recht getan? fragte ich mich zugleich. Soll sich zu meinem geheimen Bangen um Hans noch eine neue Sorge gesellen?

Doch dieser Versuchung als Ausdruck meiner Schwäche brauchte ich nicht nachzugeben. Die Sonne schien so warm auf meinen Körper, die Vögel sangen um mich herum. Gott schien meinen geängsteten Geist zu liebkosen, mich mit seiner Liebe zu überschütten. Ich sollte einfach in allem von ihm abhängig werden. Er würde bei mir sein. Sein Geist würde mir Kraft geben.

Ich spürte, wie das Werk der Heilung in mir voranschritt. Ich brauchte mir keine Sorgen über das neue Leben in meinem Leibe zu machen noch mich über Dr. Bhernes Warnung zu ängstigen. Gott würde für mich sorgen.

Hans war sehr gefaßt, als ich mit ihm ins Krankenhaus ging. Mein Vater und meine Mutter waren ebenfalls dabei, da auch sie inzwischen nach Florida übergesiedelt waren. Papa hatte die Pastorenstelle einer kleinen Gemeinde in Palm Harbor übernommen, etwa vierzehn Kilometer von uns entfernt. Zu viert beteten wir gemeinsam in dem Krankenzimmer vor der Operation.

Nach der Operation kam der Arzt zu uns, um uns zu versichern, daß alles glatt verlaufen war.

Doch seine Versicherung erwies sich als voreilig. Der chirurgische Eingriff war zwar erfolgreich verlaufen, aber der Chirurg hatte ein neues Verfahren der Herzklappenverbindung gewählt anstelle der älteren, etwas langwierigeren Methode einer Gefäßnaht. Die neuartige Fadenverknüpfung ließ ein Blutgerinnsel durchschlüpfen, das eine rechtsseitige Lähmung verursachte.

Tagelang lag Hans bedrückt auf seinem Krankenbett und sehnte sich nur danach, heimzukommen. Mit Hilfe einer staatlich geprüften Krankenschwester, die nebenan wohnte, statteten wir unser Schlafzimmer mit der notwendigen medizinischen Ausrüstung aus, die Hans brauchte. Dann billigte das Krankenhaus die Verlegung, und wir trafen alle Vorbereitungen, ihn nach Hause zu holen.

An einem Montagmorgen kam ich mit Brenda ins Krankenhaus, um die lang erwartete Heimfahrt in die Wege zu leiten. Als wir das Zimmer betraten, saß Hans aufrecht im Bett und schaute zur Tür.

Brenda lief auf ihn zu. „Papi, du kommst jetzt heim!"

Er gab keine Antwort. Irgend etwas stimmte nicht. Seine Augen hatten einen friedlich glänzenden Blick.

Brenda zupfte ihn an seinem Schlafanzugärmel. „Papi, es ist wirklich wahr, du sollst nach Hause kommen!"

Voller Schrecken rannte ich zur Schwesternstation, um Hilfe zu holen.

Arzt und Krankenschwester eilten ins Zimmer und brachten die nötigen Apparate. Es war zu spät. Mein Mann war verschieden, 36 Jahre alt. Ganz benommen versank ich in eine tiefe Dunkelheit, kaum daß ich Brenda neben mir wahrnahm, und weinte still.

10

LICHT NACH DEM DUNKEL

Eigentlich kann ich die Schwermut, die nach dem Tod meines Mannes über mich kam, nicht verstehen. Ich war der Meinung, ich sei auf diesen Fall vorbereitet gewesen. Wir beide hatten noch einmal einzig schöne Tage in Gainesville miteinander verlebt, in denen uns deutlich geworden war, daß mir Gott jenen Einblick in seine himmlische Welt deshalb gewährt hatte, damit ich ihn an Hans und auch an alle, die sich vor dem Tod fürchteten, weitergeben konnte.

Anstatt nun dafür dankbar und weiterhin offen zu sein, daß Gott mir noch mehr Einsichten schenken könnte, wurde ich von zermürbenden Gedanken gequält: Was wäre geschehen, wenn wir nicht nach Florida gezogen wären? Was, wenn er sich zwei Jahre früher hätte operieren lassen, wie es ihm die Ärzte geraten hatten? Oder was, wenn er den Eingriff im Krankenhaus von Miami hätte vornehmen lassen? Wie anders wäre vielleicht alles verlaufen, wenn der Arzt nicht die neue Technik mit der Nylon-Herzklappe angewandt hätte?

Die Reihe solcher Fragen ließe sich noch weiter fortsetzen, aber nichts konnte mehr die Tatsache aus der Welt schaffen, daß Hans an einem Herzflimmern gestorben war.

Das Zusammentreffen mit meinen Schwiegereltern beim Begräbnis war für mich niederschmetternd. Oskar Upchurch würdevoll, tieftraurig, höflich distanziert. Dorothy Upchurch kummerbeladen, aufgewühlt, aber wie immer auch auf spitze Fragen aus. Sie hat es nie ausgesprochen, aber ich spürte die Anklage in ihren vergrämten, dunklen Augen: „Du hast es mir ja nicht glauben wollen, Betty, aber ich habe dich immer davor gewarnt." Am offenen Grab weinte sie hemmungslos. Ich konnte fast ihre Gedanken erraten: „Warum ist Betty wieder gesund und mein Sohn dafür weggerafft worden?"

Auch Brenda weinte sehr. Sie war mittlerweile zu einer kleinen, blonden Schönheit herangewachsen, stand gleichsam wie ein Füllen an der Schwelle des Lebens. Warum mußte sie ihres Vaters an einem so entscheidenden Wendepunkt ihres jungen Lebens beraubt werden?

Gary, mit seinen zwölf Jahren hoch aufgeschossen, war ständig um mich herum und ging ganz in seiner Beschützerrolle auf. „Ich bleibe bei dir, Schwesterchen, und helfe dir bei allem draußen ums Haus herum", versicherte er, wobei er mir den Arm tätschelte, wie es Hans immer getan hatte.

Der Zuspruch meiner Eltern und Brüder war wohltuend und stärkend, aber dort, wo meine größte Not verborgen lag, konnte mir keiner helfen.

Ich fühlte mich von Gott verlassen, einfach fallengelassen — ja, ich will es gestehen: betrogen. Von dem Augenblick an, als ich in seinem Licht gereinigt und erneuert worden war, hatte ich die Gewißheit, daß sein Geist in mir wohnte. Das war eine herrliche, unbeschreiblich schöne Zeit gewesen. Während der Tornado wütete, hatte er mich aus Todesgefahr herausgeführt; in hundert kleinen Nöten des Alltags war er mein fester Halt gewesen, hatte er mir die nötige Kraft gegeben. Wohl war auch jetzt noch eine leise Erwartung in mir, aber ich fühlte mich so einsam, niedergeschlagen, im Stich gelassen, und deshalb lehnte ich mich zornig dagegen auf.

Hans war am 15. Juni 1965 gestorben. Zwei Wochen lang verkroch ich mich mit meinem Schmerz in unserem

Hause, ging nirgends hin. Anstatt nun Kraft und Zuspruch vom Herrn zu erwarten, bei ihm meine Hilfe zu suchen, stand mir die Gefaßtheit Jackie Kennedys bei der Beerdigung des Präsidenten, die im Fernsehen übertragen worden war, ständig vor Augen, und ich erlag dem Wahn, sie unbedingt nachahmen zu müssen. Aber jemand anders sein zu wollen, taugt nie etwas.

Es war dann Brenda, die mich aus meinem Selbstmitleid herausriß. Ich hatte mich endlich aufgerafft, das Haus zu verlassen, und war zum Einkaufen zu einem Supermarkt gefahren. Ein fremder Junge hatte mir die zwei schweren Taschen mit Lebensmitteln zum Wagen getragen. Als ich zu Hause ankam, kam mir Brenda entgegen. Gerade war ich aus der Ecke unter dem Lenkrad mit einer der überladenen Taschen in der Hand wieder aufgetaucht, da rief sie: „Mutter, du solltest nicht so schwer tragen! Gib her, ich werde das für dich schleppen."

„Mach' nicht so ein Aufhebens wegen mir!" fuhr ich sie an. „Ich kann das schon allein schaffen."

„Mutter, laß mich dir doch helfen. Du mußt an das Baby denken!" Sie schnappte die eine Seite der Tasche und versuchte, sie mir vom Arm zu ziehen.

Ich widersetzte mich.

Da wurde Brenda plötzlich todernst: „Mutter, laß die Tasche los! Ich kann sie ja nicht tragen, wenn du dich so hartnäckig daran klammerst."

Da brach in mir der Damm. Endlich wurde es licht in meinem Geist. Ich ließ los, rannte ins Haus, hinein in mein Schlafzimmer, sank auf die Knie, und zum erstenmal seit dem Tod von Hans kamen mir wieder Tränen. Ausgelöst durch Brendas scharfe Zurechtweisung, war mein Herz wieder offen für Gottes Wort, das nun in mich einzuströmen begann und mir vor meinem inneren Auge stand: „Wahrlich, unsere Kümmernisse trug er, und unsere Schmerzen lud er auf sich" (Jesaja 53,4).

„Oh, Herr Jesus, ich will ja meine schwere Last loslassen. Vergib mir, daß ich sie so lange festgehalten habe, so daß ich dein Wort nicht mehr hören noch deine Nähe spüren konnte. Ich habe dir jetzt alles ausgeliefert, Herr. Ich bin ja so erschöpft von der schweren Bürde. Nimm du sie. Und komm wieder zu mir zurück — bitte, Herr!“

Als ich mich von den Knien erhob, war die drückende Last von mir gewichen. Auf einmal konnte ich erkennen, wie vollkommen Hans und ich auf seinen Heimgang vorbereitet worden waren.

Dadurch, daß ich meinem Mann aus meinem eigenen Erleben das Geheimnis des Todes als eines Tores zu einer schöneren Welt aufschließen konnte, durfte ich ihm helfen, ohne Furcht hindurchzugehen. Wie tröstlich war mir der Gedanke, daß auch er abgeholt und zur ewigen Stadt geleitet worden war. Dort würde ihn jene herrliche Musik, deren Abglanz er hier schon so liebte, ganz umfangen; er träfe lauter Bekannte, unbegrenzt stünden ihm Zeit und Raum zur Verfügung, so daß er all das verwirklichen konnte, wovon er hier geträumt hatte. Doch das Herrlichste von allem würde die Gemeinschaft mit dem Herrn selbst sein, seine Liebe und seine Wahrheit, in die er ihn immer tiefer hineinführen würde.

Der plötzliche Tod meines Mannes hatte mich zeitweilig blind gegen die gütige und liebevolle Art gemacht, mit der wir beide dem Augenblick seines Todes entgegengeführt worden waren. Ein langes Siechtum wäre für Hans eine Qual gewesen, aber auch für die, die ihn liebten. Gott war barmherzig gewesen.

Nun verstand ich erst so ganz seine gespannte Aufmerksamkeit für mein Erleben in der jenseitigen Welt, auf die er immer von neuem zu sprechen kam: „Du sagst also, Betty, daß ein Gefühl der Kraft und der Leichtigkeit in dir gewesen sei und du ein großes Verlangen gehabt hättest, durch dieses Tor hindurchzugehen, nicht wahr?"

In einer der folgenden Nächte schloß Gott sein Werk der Heilung an mir ab, indem er mir eine besondere Botschaft durch einen Traum gab. Ich ging auf einem staubigen Pfad, der mich zu einer Hütte aus rohen Steinen führte. Die Tür war offen, und ich ging hinein. Da stand ein älterer Mann in seiner Arbeitsschürze und formte feuchten, roten Ton zu Tassen, Krügen und Töpfen. Hinter ihm standen auf einem Regal fertige Stücke kunstvoller Töpferei.

Plötzlich fiel ein einfacher Tonkrug zu Boden. Der Mann, der mich bis jetzt kaum beachtet hatte, beugte sich nieder und hob den zerbrochenen Krug auf. Während er ihn mit der einen Hand vorsichtig zusammenhielt, reichte er mit der anderen nach einem Gefäß, das in der Nähe stand, tauchte seine Finger in eine warme, geschmolzene Masse und machte sich daran, das zerbrochene Gefäß mit Wachs zu verkleben. Als er mit dem Ausbessern fertig war, stellte er den Krug zurück auf das Regal hinter sich.

Erst jetzt sah er nach mir und lächelte: „Es ist besser, ein zerbrochenes Gefäß zu sein, das vom Heiligen Geist wieder zusammengefügt und versiegelt worden ist und so seinen Dienst versehen kann, als ein fehlerloses, kunstvolles und reich verziertes Gefäß, das nicht zum Dienst bereit ist."

Ich wachte auf. Alle Zweifel, daß ich wegen all meiner Fehler und meinem Versagen überhaupt noch einmal von Gott gebraucht werden könnte, waren mit einem Mal verschwunden. Tränen der Reue und der Freude rannen mir über die Backen. Ich fühlte geradezu, wie sich das warme Wachs des Heiligen Geistes heilend über meinen verwundeten Geist legte.

Der Sprung, den mein Herz bekommen hatte, war geheilt. Ich hatte wieder Frieden und Freude im Herzen. Zwischen mir und meinem Töpfer war wieder alles in

Ordnung. Jetzt war ich bereit und freute mich darauf, von meinem Herrn zum Dienst an anderen eingesetzt zu werden.

Voller Zuversicht, daß das Hindernis zwischen mir und meinem Herrn beseitigt sei, ging ich am nächsten Morgen auf meine Knie. Ich war fest entschlossen, einige ungeklärte Dinge, die mich schon lange bedrückten, vor Gott zu bringen.

Kaum hatte ich mit den ersten Worten meiner Bitte begonnen, als ich seine sanfte Zurechtweisung erfuhr: „Du bist stets eine herrschsüchtige Frau gewesen, Betty. Nun laß einmal ab, mir Vorschriften zu machen, und höre einfach zu!"

Dies brachte mich zur Ruhe, und der Heilige Geist fing an, mich zu unterweisen: „Du hast es doch erfahren, Betty, wie Stolz und Auflehnung dir geschadet haben. Du bist frei geworden von deiner Antipathie gegen Leute wie Art Lindsey, deinen Vorurteilen gegen die Schwarzen und deinem Besitzstreben. Doch ich kann deine Gebete solange nicht erhören, wie du an der Unversöhnlichkeit gegenüber deiner Schwiegermutter festhältst."

Daraufhin schrieb ich einen langen Brief an Dorothy Upchurch, aus dem ich einige Abschnitte aus dem Gedächtnis wiedergebe:

„Liebe Dorothy! Seit dem Tod von Hans hat es mich innerlich gedrängt, Dir zu schreiben und Dir einmal alles zu sagen, was ich auf dem Herzen habe. Gott hat mich gemahnt, jetzt keine Zeit mehr zu verlieren, damit er endlich unsere persönliche Beziehung zueinander heilen und in Ordnung bringen kann.

Vor allem muß ich Dir bekennen, daß ich von Anbeginn meiner Ehe mit Hans furchtbar eifersüchtig auf Dich war wegen des engen Verhältnisses zwischen Dir und Hans. Ich habe mich innerlich dagegen aufgelehnt, daß Du so klug und erfahren warst und ich so unerfahren. Ich bin dickköpfig und überheblich gewesen und habe gemeint, ich sei ohne weiteres fähig, den Haushalt richtig zu führen, Hans eine liebevolle Ehefrau und Brenda eine gute Mutter zu sein. Aber Gott hat mir in den letzten Jahren klargemacht, daß ich viel mehr von ihm abhängig sein muß und mich überhaupt nicht auf mich selbst verlassen kann.

Bei der Beerdigung war ich noch zu überwältigt von Schmerz und Trauer, als daß ich darüber mit Dir hätte sprechen können. Ich konnte nicht verstehen, warum Gott mich verschont und Hans weggenommen hatte. Mit Gottes Hilfe habe ich dann aufgehört, mich in solche theologischen Probleme zu verbeißen, und ich begnüge mich nun damit, einfach zu vertrauen, daß Gott schon weiß, was er tut. Ich habe die tröstliche Gewißheit, daß Hans bei dem Herrn ist und dort größere Erfüllung findet als jemals hier auf der Erde.

Vergib mir bitte all meinen Groll, den ich die Jahre über gegen Dich gehegt habe, und auch alles Verletzende, was ich Dir angetan habe. Da wir beide ja Hans so sehr geliebt haben, hat Gott mich jetzt eindringlich gemahnt, daß wir unseren Hader endlich begraben und unsere beiden Familien enger miteinander verbinden.

Ich danke Dir, daß Du mich angehört hast. Möge Gott Euch alle segnen und Eurer ganzen Familie Gedeihen schenken. Herzliche Grüße Deine Betty."

Es dauerte Monate, bis meine Schwiegermutter antwortete. Dann kam ein lieber Brief. Unsere Beziehung war wiederhergestellt, wir waren versöhnt.

Eine neue Prüfung kam auf mich zu, als ich spürte, daß ich von meinem letzten Zusammensein mit Hans in Gainesville ein Kind erwartete. Da klammerte ich mich wiederum an Gottes Zusage, daß er „unsere Nachkommen segnen" und damit alle düsteren medizinischen Prognosen umstoßen werde. Doch damals, als Hans starb, war mein Glaube ins Wanken geraten. Hans hatte die früheren Warnungen seines Arztes in den Wind geschlagen, aber der Arzt hatte recht behalten. So hatte Hans schließlich den Preis für ein gehetztes Leben bezahlt.

Da Hans und ich ebenfalls gegen den Rat meines Arztes gehandelt hatten und ich schwanger geworden war, kam mir der Gedanke, ob auch hierin der Arzt wohl recht behielte. Würde ich ein mißgebildetes Kind zur Welt bringen? Die Vorstellung hat lange wie eine dunkle Wolke auf mir gelastet. Als sie endlich dank Brendas energischer Zurechtweisung von mir wich, erfüllte mich wieder Vertrauen und Hoffnung. Vater, Mutter, Brenda und ich trafen die Vorbereitungen für das freudige Ereignis, das wir Mitte Dezember erwarteten. Zu viert zählten wir nun die Tage.

„Gebt acht, es wird an Weihnachten geboren werden als unser Geburtstagsgeschenk an Jesus", prophezeite meine Mutter.

Im November äußerte unser Arzt Zweifel, ob es ein voll ausgetragenes Kind sein werde. Kurz vor Hansens Tod hätte ich beinahe eine Fehlgeburt gehabt. Zudem waren die ersten Monate der Schwangerschaft von solcher Anspannung und Überanstrengung gekennzeichnet gewesen, daß der Arzt zunehmend besorgter wurde, je näher der Zeitpunkt der Geburt rückte.

Am 27. November wies er mich in das Krankenhaus von Dunedin in Florida ein. Die Wehen setzten am Tage darauf ein. Am 28. November brachte ich nachmittags um 5.28 Uhr, drei Wochen zu früh, ein viereinhalb Pfund schweres Mädchen zur Welt. Wir gaben ihr den Namen „April Dawn" (April-Morgendämmerung), weil es mir an jenem frühen Aprilmorgen vor sieben Monaten bewußt geworden war, daß ich Mutter werden würde.

Der 28. November war zugleich Erntedanktag — was für ein wunderbares Zusammentreffen! Und wieviel

Grund hatten wir, dankbar zu sein. April Dawn war ein so normales und vollkommen gesundes Kind, wie es eine Mutter mit überströmendem, dankbarem Herzen nur wünschen konnte.

Jetzt erkenne ich immer deutlicher, wie mich Gott Schritt für Schritt auf das neue Leben mit ihm vorbereitet hat. Er hat es mir zunächst dadurch bekundet, daß er mich bis an die Schwelle des todes führte und ich unmittelbar schauen durfte, was für eine wunderbare Erfahrung uns danach bevorsteht. Dann heilte er meinen von Krankheit gezeichneten Körper und brachte sogar noch einmal neues Leben in Gestalt eines allerliebsten Mädchens daraus hervor.

Gott schafft eigentlich immer und in jeder Situation neues Leben. Warum Gott gerade mich — eine selbstsüchtige, überhebliche und lieblose Person — als Werkzeug dieses ungewöhnlichen Geschehens ausgesucht hat, werde ich wohl nie erfahren.

Vielleicht sollte ich, so wie einst Josua und Kaleb auszogen, um das Gelobte Land auszukundschaften und die Riesenweintraube von Eschkol mitbrachten (4. Mose 13,23), die himmlische Stadt auskundschaften, um zurückzukehren und jedem zu erzählen, wie herrlich und schön es dort ist. Und vielleicht hat er mich deshalb verschont, um Hans zu beruhigen und ihm zu versichern, daß es keinen Grund zur Angst vor dem Tod gebe, ja, daß er das größte Abenteuer seines Lebens vor sich hätte, weil Jesus ihn dort erwartete, um ihn in seine liebenden Arme zu schließen.

NACHSPIEL

Der Anstoß, von Florida wegzuziehen und ein neues Leben im Mittleren Westen zu beginnen, kam durch den Tod meiner lieben Mutter am 19. Dezember 1969. Bestärkt in meinen Erwägungen wurde ich auch durch den Plan meiner Tochter Brenda, in Springfield, Missouri, ein College zu besuchen. So fuhr ich mit meinen beiden Töchtern nach Springfield, um mir die Schule anzusehen und sie dort anzumelden, wenn sie uns zusagte.

Die Zeit bis dahin war für mich nicht leicht gewesen. Da war einmal der noch kaum verschmerzte Verlust meiner Mutter, dazu die Einsamkeit, die ich seit nun fünf Jahren als Witwe zu ertragen hatte, und jetzt der Abschied von Brenda, mit dem ich mich abfinden mußte, wenn sie nun bald irgendwo ein College besuchen würde.

Schon bald nach unserer Ankunft in Springfield verliebten wir uns in ein altes, dreistöckiges viktorianisches Wohnhaus mit zwölf Zimmern, ein hundert Jahre altes historisches Wahrzeichen, und kauften es. Sofort fing ich mit den beiden Mädchen an, es innen wieder herzurichten und alle Räume neu zu streichen.

Damit hatten wir uns entschieden, in Springfield zu bleiben. Wir zogen mit unserem ganzen Hab und Gut um, und die beiden Mädchen konnten die Schulen am Ort besuchen.

Etwa zur gleichen Zeit, als sich unser Umzug nach Springfield ergab, entschloß sich ein von Gott besonders gebrauchter Missionar, mit seiner Familie von Beirut im Libanon nach Springfield überzusiedeln. Es war Carl Malz, dessen Frau Wanda zu der Zeit todkrank an Krebs darniederlag. Sie hatten eine dreizehnjährige Tochter.

Carl war viele Jahre in Ägypten gewesen, hatte in Indien die Südasien-Bibelschule in Bangalore geleitet und 1968 in Beirut das Nahöstliche Evangelische Theologische Seminar gegründet. Wanda Malz starb einige Monate nach ihrem Umzug nach Springfield.

Während ich in dem darauffolgenden Sommer in unserer Gemeinde eine Ferien-Bibelschulklasse unterrichtete, wurde ich auf ein junges Mädchen aufmerksam, das Schwierigkeiten hatte, sich in seine neue Umgebung einzugewöhnen. Es war Connie Malz. Wir beide hatten damals einen gemeinsamen Kummer: Jede von uns hatte kurz zuvor ihre Mutter verloren.

Durch Connie wurde ich mit ihrem Vater bekannt. Wohl von Anfang an wußten Carl und ich, daß Gott uns zusammengeführt hatte. Connie bestätigte das, als sie mir anvertraute: „Du bist von allen, die ich kennengelernt habe, die erste Frau, die ich als Mutter haben möchte." An Weihnachten davor hatte April Dawn gebetet: „Lieber Gott, gib mir doch zu Weihnachten einen Papi, aber einen großen."

Carl Malz ist fast ein Meter achtundachtzig groß und wiegt etwas über 90 Kilo. Wir heirateten im Jahr darauf am 3. Juni 1971. Kurze Zeit später erhielt Carl einen Ruf an die Trinity Bibelschule für Äußere Mission in Nord-Dakota. Dort blieben wir vier Jahre, dann übernahm Carl eine Pastorenstelle in Pasadena bei Houston in Texas, wo wir jetzt noch wohnen und tätig sind.

Brenda schrieb sich nicht in dem College in Springfield ein, sondern im Presbyterian-College von Jamestown in Nord-Dakota. Dort verliebte sie sich in den Sohn ihres Professors, Miles Millard Smart. Sie haben im Juli 1974 geheiratet. Die Freunde von Miles nennen ihn alle „Bud". Deshalb erzählen wir unseren Freunden und Bekannten die folgende Geschichte: „Bud ging auf das College, um klüger zu werden, aber Brenda ging auf das College, um 'smart' (klug) zu werden, und sie brachte es fertig — mit Bud Smart."

Einige Jahre nach Mutters Tod zog mein Vater nach Kennard in Texas, einer kleinen Stadt 240 Kilometer nördlich von Houston, wo sein Sohn Jim eine Ranch für Rinderzucht betreibt. Vater arbeitet mit seinen siebzig Jahren noch tüchtig auf der Ranch, betreut eine Gruppe der Gemeindebibelschule und versieht außerdem das Amt eines Seelsorgers, was ihm ein völlig ausgelastetes und erfülltes Leben verschafft.

Die ganze Zeit über haben Mutter Upchurch und ich unseren Briefkontakt aufrechterhalten. Sie und mein Schwiegervater hatten sich in einen kleinen Ort bei Albany in Kentucky zurückgezogen. Sehr lebhaft ist mir noch der Besuch bei ihnen im August 1976 in Erinnerung. Brenda und ihr Mann begleiteten mich und April Dawn auf unserem Flug zum nächstgelegenen Flughafen. Von dort aus fuhren wir die letzten 180 Kilometer mit einem Mietwagen. Ich war ganz beherrscht von dem einen Gedanken, daß dieser Besuch für mich von großer Bedeutung sein werde. Damals, am Anfang meiner Ehe, als Mutter Upchurch nur ein paar Straßen weg von mir wohnte und es mir ein leichtes gewesen wäre, sie zu besuchen, hatte ich mich kaum einmal dazu aufgerafft. Jetzt aber, wo es mich fast tausend Dollar kostete, konnte ich es kaum erwarten, sie und Oskar zu sehen.

Die Sonne war am Untergehen, als wir in die Einfahrt ihrer kleinen Farm am Fuße der Cumberland-Berge in Duvall Valley in Kentucky einbogen. Aus Mutter Upchurchs Briefen hatte ich entnommen, daß sie ihren Lebensunterhalt derzeit mit Rinderzucht, Mais- und Kornanbau sowie der Bestellung eines kleinen Obstgartens bestritten.

Vater Upchurch stand im Eingang ihres Fünf-Zimmer-Hauses, wie immer hochgewachsen und aufrecht, wenn auch das Haar inzwischen grau geworden war und seine blauen Augen etwas verschwommen wirkten, als er uns begrüßte. Tränen standen ihm in den Augen.

Mutter Upchurch kam aus der Küche, das früher glänzend dunkle Haar nun ganz grau, im ganzen ein wenig langsam, aber noch immer voller Lebenskraft. Sie schloß jeden von uns in die Arme. Es war alles natürlich. Ihre Liebe war echt.

Wir setzten uns an den Tisch, der sich unter der Last selbstgezogener Erzeugnisse zu biegen schien. Da war der berühmte Kentucky-Räucherschinken, selbstgebackenes Schwarzbrot, selbstgekochte Marmelade, Apfelbrei aus frischen Äpfeln, Gemüse aus dem eigenen Garten, dazu Milch und Käse.

Den folgenden Tag verbrachten wir in Gesprächen, gemütlichen Spaziergängen rund um die Farm, während sich die beiden Alten an ihren beiden Enkeln nicht satt genug sehen konnten. Wie wichtig ist es doch, kam mir der Gedanke, den Kontakt mit den Verwandten zu pflegen.

Bevor wir dann am dritten Tage abreisten, beschenkte mich Mutter Upchurch noch mit mehreren Gläsern Brombeergelee. Papa Upchurch bedeutete mir flüsternd, daß seine Frau schon seit den letzten Junitagen, als sie von unserem Kommen erfuhr, die Hügel in der Nähe nach frischen Brombeeren abgesucht und diese zu Gelee und Marmelade gekocht habe, und zwar, indem sie nach altbewährter Weise den Saft ausgepreßt und stundenlang mit Zucker verkocht habe, bis er die rechte Beschaffenheit hatte.

Als ich dann am Abend wieder zu Hause war, wurde mir rückschauend klar, daß Dorothy Upchurch eigentlich immer eine gute, treusorgende Seele gewesen ist. Nur ich selbst war zu ichbezogen und blind, um sie so zu sehen, wie sie wirklich war. Ich mußte erst am eigenen Leibe jene Wahrheit erfahren, daß man zuvor sterben muß, um zu lernen, wie man leben soll.